Spirituelle Gemeinschaftsbildung

Geistgemäße Formen des Zusammenlebens

Herausgeber: Perceval-Institut für Kosmologie und christliche Hermetik

Herstellung und Verlag : **BoD - Books on Demand, Norderstedt**

ISBN: 9783755735717

All jenen gewidmet, die mit den herkömmlichen gesellschaftlichen Strukturen nicht zufrieden sind und sich ein Leben in Verbundenheit und innerem Frieden wünschen

Spirituelle Gemeinschaftsbildung

Zur Schaffung von Orten des Lichtes im Erdensein

Inhaltsverzeichnis

Seite:

5   Einführung

7   Kapitel 1: **Mitten hindurch**

8   Zum Geleit
11   **Gedankensplitter und Ideenschätze**
13   Warum Gemeinschaft?
21   Frei, sich selbst zu wandeln
26   Quellen der Kraft (Teil 1)
31   **Initiativen finden**
31   Selbstverwaltung
34   Vorstellungen einzelner Initiativen

38   Kapitel 2: **Miteinander**

39   Einleitung
41   Das Ereignis der Gemeinschaft
45   Motive der Beteiligten
55   Übertragen - beziehen - begegnen
58   Über die Wärme des Herzens
61   Quellen der Kraft (Teil 2)

Seite:

64   Kapitel 3:   **Verwandeln**

65   Einleitung
69   Zur inneren Struktur der Gemeinschaft
72   Gruppenbildung – Gruppenleben
76   Vom Umgang mit dem Geld
79   Arbeitszeit und finanzielle Existenzregelung
81   Handeln können
84   Handeln aus dem Geiste
87   Sekte oder Gemeinschaft
95   Ökologie, Ökosophie und Therapie
99   Vom Lernen und Lehren
102   Ausblick

106   Kapitel 4:   **Dem Zeitgeist entgegen**

107   Einleitung
110   Anthroposophie verstehen
113   Vom Wesen der Kunst
122   Freiheit und Liebe
124   Bloß ein Traum?
125   Soziale Kunst
129   Sonnen-Orte im Erdensein
133   Spirituelle Gemeinschaftsformen
138   Ein Nachwort

141   Literaturverzeichnis

Einführung

Vor über 30 Jahren entstand im süddeutschen Raum eine Initiative, die sich vornahm, bessere und gesündere Lebensbedingungen für alle Beteiligten zu schaffen. Viele Wünsche und Sehnsüchte kamen so zusammen, es wurde ein Verein gegründet, ein lebendiges Miteinander gepflegt, ein Haus angemietet und einzelne Initiativen und Projekte begonnen.

Doch schon bald gab es die ersten Differenzen, zumeist recht persönlicher Natur, denn die Mitwirkenden waren noch relativ jung und im Gemeinschaftsleben nicht sonderlich vorbereitet und ausgebildet. Die Gemeinschaft zerbrach, doch es wurde damals ein Same gepflanzt, der dann nach 33 Jahren, im sogenannten Sonnen-Rhythmus, wieder in meinem Leben auftauchte.

Vor allem brachte es die Corona-Zeit mit ihren einseitigen und teilweise fragwürdigen Maßnahmen mit sich, dass den daraus entstandenen Spaltungstendenzen etwas Ausgleichendes entgegengesetzt werden muss. Und das sind vor allem Gemeinschaftsbildungen, die in einem spirituellen Geist gegründet werden. Denn diese können ein Kraftfeld erzeugen, das eine positive und heilende Wirkung auf die Umgebung ausüben kann.

Aber auch spirituell motivierte Menschen sind nicht davor gefeit, an persönlichen und allzumenschlichen Hürden zu verzweifeln und zu versagen, denn gerade durch eine spirituelle Ausrichtung meinen ja viele, sie wüssten so manches besser und wollen sich dadurch gerne hervortun oder man folgt von vorneherein einem spirituell fortgeschrittenen „Führer", dem man nur noch nachzufolgen braucht.

Die Zeiten, in denen jemand sagen wird, was und wie wir zu leben haben, sind aber vorbei. Jeder Einzelne hat in sich eine Instanz, die ihm mitteilen kann, wohin sein individueller Weg ihn führen will. Der Mitmensch wird ihn dabei spiegeln, vor allem bei den Eigenschaften, an denen er an ihm anstößt, weil er zuvorderst die eigenen Unvollkommenheiten, also die eigenen Schatten- und Doppelgängerseiten aufzeigt. Am Mitmenschen kann man folglich erwachen, aber nicht nur im negativen Sinne, wenn er mir die eigenen Fehler zeigt und spiegelt, denn auch sein höheres Wesen, seine Geistnatur kann sich offenbaren, wenn wir es immer besser verstehen und allmählich lernen, seinen inneren Intentionen und Motiven zu lauschen. Dazu wollen die nachfolgenden Abhandlungen einige Hinweise mit auf den Weg geben.

Als der Verein Perceval damals gegründet wurde, sollte jeder Teilnehmer seine Wünsche und Motive schildern, warum er an diesem Projekt und Prozess mitmachen will. Das ist im Nachhinein betrachtet sehr aufschlussreich, denn wenn man keine tiefen Motive und sinnvollen Ziele formulieren kann, wird es sehr schwer werden, bestimmte Wünsche und Neigungen in die Realität umzusetzen.

Wünsche und Träume für ein besseres Leben reichen noch nicht aus, damit diese auch verwirklicht werden können. Viel eher muss man sich auf einen Weg begeben und dabei einen sozialen Prozess durchlaufen, der nicht immer nur einfach ist.

Auch wenn dieser Prozess letztlich damals scheiterte, kann daraus sehr viel gelernt werden. Von diesem Lernen und von diesem Prozess soll nun im Folgenden berichtet werden, denn davon können wir auch noch heute Mannigfaches herausschälen und für zukünftige Gemeinschaftsbildungen fruchtbar werden lassen.

So wie es im Irdischen physikalische und chemische Gesetzmäßigkeiten gibt, so gibt es auch Gesetze im sozialen und geistigen Leben. Ohne diese zu kennen, wird es sehr schwer sein, eine harmonische Gemeinschaft aufzubauen. Doch diese Gesetze drängen sich nicht auf, viel eher müssen sie erkannt, erprobt und immer wieder geübt werden, damit sie im zwischenmenschlichen Alltag förderlich und gesundend wirken können.

In den folgenden Kapiteln sind nun zahlreiche Gedanken mitgeteilt, die vor mehr als 30 Jahren entstanden sind, als einige Mitglieder des Vereins Perceval sich mit solchen Fragen und Herausforderungen beschäftigten. Aber auch neuere Gesichtspunkte sind hier dargelegt, die erst vor kurzem entstanden sind. Und so mögen die Erkenntnisse daraus für heutige spirituelle Initiativen, sowie für zukünftige Gemeinschaftsbezüge anregend und erhellend sein.

Kapitel 1: Mitten hindurch

Vom Weg der Erkenntnis zum Leben

Zum Geleit

Mit dieser Schrift ist die Absicht verbunden, vielen „Samen", die in unserer Zeit in so manchen Herzen zu keimen beginnen, einen geistigen Nährboden zu bereiten. Und dies, in dem sich unsere Ziele, Ideale und Wünsche zu einem tatkräftigen Leben wandeln und damit in eine zukünftige Verwirklichung kommen können.

Zumeist spielen in viele positiv formulierte Ziele immer wieder persönliche oder gar egoistische Wünsche mit hinein. Man sucht oftmals eine Gemeinschaft, weil man noch nicht wirklich mit sich selbst zurecht kommt oder man träumt von einem harmonischen und freudigen Miteinander, ohne sich dabei bewusst zu sein, dass wir immer noch mehr in einem Nehmen als im Geben sind.

Eine Gemeinschaft mit vielen egoistischen Motiven wird nicht lange bestehen, da es meistens immer dieselben sind, die sich für die notwendigen Aufgaben und Pflichten zuständig fühlen. Andere drücken sich davor, bis irgendwann Regeln aufgestellt werden, damit die unangenehmen Arbeiten gleichmäßig verteilt werden können. Aber mit solch „alltäglichem Kram" hört der Spaß in der Gemeinschaft recht bald auf, es bilden sich öfters kleinere Grüppchen von Gleichgesinnten oder es zerfällt die Gemeinschaft.

Der Alltag wird uns immer wieder an die Punkte heranführen, an denen wir in unserer persönlichen Entwicklung lernen, reifen und wachsen können. Gemeinschaft heißt eben nicht, nur ein sorgenfreies und spaßiges Leben verwirklichen zu können. Ganz im Gegenteil fordert sie uns heraus, über die eigenen Grenzen hinauszuwachsen.

Was sind meine wirklichen Bedürfnisse, was kann ich anderen und der Gemeinschaft geben, was ist mein Anliegen und mein Dienst innerhalb der Gruppe, warum überhaupt will ich Gemeinschaft und warum erfüllt mich mein momentanes Leben nicht wirklich? Wie viele Wünsche und Sehnsüchte sind unerfüllt geblieben in meinem bisherigen Leben?

Zunehmende Ungerechtigkeiten und Krisen in der Welt können uns allzuleicht in eine Verbitterung oder in eine Resignation hineinführen, sei es am Arbeitsplatz, in der Schule, in der Familie oder im weltpolitischen Geschehen. Oder aber wir ziehen uns in ein „Schneckenhaus-Dasein" zurück und wollen nur noch das sehen, was uns angenehm ist.

In dieser seelischen Zerrissenheit lebt der heutige Zeitgenosse. Das drückt sich auf der einen Seite im immer noch stärker werdenden Konsumzwang aus, was schließlich dazu führen muss, dass wir die Erde und damit auch uns selbst zerstören.

Eine enorme Suchtproblematik, sei es durch das Fernsehen und den Medienkonsum, sei es Alkohol, Nikotin und Drogen oder die seelischen Süchte der Ehr-, Hab- und Machtsucht, sie finden letztlich in dieser seelischen Disharmonie ihre eigentliche Ursache.

Auf der anderen Seite finden wir Menschen, die diese modernen Errungenschaften und stressigen Zeiten als furchterregend empfinden und am liebsten den Reißaus machen würden, indem sie sich irgendwo eine heile Welt kreieren, sei es in Urlaubsregionen oder in sektenähnlichen Gemeinschaften oder sie flüchten in alte Formen, in denen es noch von „Außen" beziehungsweise von „Oben" geprägte Werte und Ordnungen gab. Sämtliche nationalistische, ethnische und autoritär-politische Tendenzen, als auch die Volks-, Rassen- und Familienbande zählen hierzu.

Die Zeiten, in denen Bluts- und Volksverbände die Geschicke des Einzelnen regelten, sind für uns jedoch vorbei. Wir sind zum Einzelmenschen bestimmt beziehungsweise erwacht und damit ziemlich rausgerissen aus allem, was uns bisher getragen hatte.

Somit stellt sich heutzutage für jeden mündigen Menschen die Frage und Aufgabe: Was kann und will ich diesem zerrütteten und beängstigenden Zeitgeschehen entgegenstellen?

Das Rad der Zeit scheint sich mit immer schnellerer Geschwindigkeit fortzubewegen und als Einzelner erfahre ich allzuleicht eine grenzenlose Ohnmacht bei dem Versuch, dieses „Gefährt" in von mir gewünschte und bestimmte Bahnen zu lenken.

Ein blindes Vertrauen den führenden Politikern gegenüber, denen ich ja meine Entscheidungsgewalt mit meinem Stimmzettel für die nächsten Jahre abgegeben habe, kann meine Seele auch nicht wirklich zufrieden und sicher stimmen.

Was für Möglichkeiten habe ich überhaupt noch und wie kann ich mir selbst gegenüber ehrlich, aufrichtig und wahrhaftig sein und den vielen Anforderungen und Zwängen des Lebens in der Welt gerecht werden?

Viele Fragen, die vor allem in den Herzen jüngerer Menschen brannten, waren vor etlichen Jahren in einer Gruppe von Menschen der Anlass, um gemeinsam Antworten und Möglichkeiten zu suchen für etwas, das uns neu verbinden kann, nicht aus den alten Traditionen, sondern aus den Notwendigkeiten der Zeit heraus.

Und wir sind damals als noch recht junge und unerfahrene Menschen ein Stück gemeinsamen Weges im Gespräch, im Spiel, im Zusammenarbeiten und Zusammenleben gegangen und möchten aus diesen Erfahrungen alle interessierten Menschen daran teilnehmen lassen, an dem bereits Entstandenen und vielleicht auch an dem, was noch werden will und kann.

Beabsichtigt war zunächst, dass jeder damals Beteiligte, wenn er denn möchte, einen Beitrag leisten darf, was für ihn wesentlich und anzustreben ist. Es ist jedoch nicht möglich, diesen früheren Versuch hier ganz wiederzugeben. Vieles wird inzwischen neu gesehen, da es vielfältige Enttäuschungen, Lernaufgaben und Anregungen gab und aus dem anfänglichen seelischen Bedürfnis, das uns damals zusammenführte, ist bei manchen ein konkreteres Bild entstanden, was er gerne für sein eigenes Leben verwirklichen möchte. Daher werden in dieser Schrift Gedanken, Erkenntnisse und Impulse vorgestellt, die von einzelnen Gliedern der Gruppe mitgetragen wurden. Es ist nun unsere heutige Aufgabe, Wege und Formen zu finden, solche Impulse und Ideale erneut aufzugreifen, sie miteinander zu verbinden und allmählich Realität werden zu lassen. Dafür wird sehr viel Engagement und Mithilfe benötigt und jeder Einzelne kann sich überlegen, in welcher Form er zum guten Gelingen beitragen kann. Ein wohlwollender Gedanke ist ja auch schon hilfreich.

Zuletzt möchte ich anmerken, dass diese Schrift nicht als ein fertiges Weltbild oder als eine Weltanschauung angesehen werden soll. Wir sind immer Lernende und auf dem Wege, daher werden viele Ideen, die hier zusammengetragen sind, in der alltäglichen Praxis ihre Berichtigung erfahren. Wir haben uns damals bemüht, etwas zu erarbeiten, was uns in unserem inneren Wesen mit den Mitmenschen und mit der Erde verbinden kann, so dass daraus Gesundes und Heilsames für Mensch und Natur erwachsen und so aus dem keimenden Samen allmählich eine stattliche Pflanze erstehen kann.

„Ich glaube, dass wir einen Funken jenes ewigen Lichts in uns tragen, das im Grunde des Seins leuchten muss und welches unsere schwachen Sinne nur von ferne ahnen können.
Diesen Funken in uns zur Flamme werden zu lassen und das Göttliche in uns zu verwirklichen, ist unsere höchste Pflicht".

J.W. von Goethe

Gedankensplitter und Ideenschätze

In diesem Abschnitt werden Gedanken und Ideen mitgeteilt, die von Mitgliedern der Gruppe ausgesprochen wurden. Zudem sind uns aus den Mündern verschiedener Dichter und Denker zahlreiche Sprüche und Aphorismen überliefert, die für unser Thema hilfreich sind. Sie können als „Feuerfunken" verstanden werden, die unsere Motive und Ideale erwärmen sollen.

Es gibt heutzutage in unserer, ach so hochgelobten Zivilisation, kaum mehr Menschen, die wirklich zufrieden sind – zumindest wirklich tief zufrieden sind.
Wenn nun jemand eine Idee verkündet, um mit dieser eine neue

Gesellschaft zu gründen, wird er von vielen verlacht und als Irrer, Kommunist, Utopist oder Revolutionär verschrien. Jedoch, auch der Schneider von Ulm, ein Galileo und viele weitere Erneuerer wurden verlacht; die Geschichte lehrt uns aber, dass aus einer Notwendigkeit oder aus einem Menschheitstraum heraus, Erfindungen und dadurch mit der Zeit gesellschaftliche Veränderungen erwuchsen, die vorher undenkbar waren.

Zum Beispiel wurde die Dampfmaschine erfunden, als sie für die bestehenden Manufakturen gebraucht wurde. Später wurde die Dampfmachine in Form der Eisenbahn auf Räder gestellt, um für die stationären Dampfmaschinen die benötigte Kohle heranschaffen zu können. Und so weiter und so fort bis in unsere moderne Zeit hinein.

In unseren Tagen haben wir keine existentiellen und wirtschaftlichen Notwendigkeiten mehr, aus denen eine neue, andere oder bessere Zukunft erwachsen könnte. Heute geht es vor allem um die gesellschaftlichen und sozialen Zusammenhänge, die nicht zufriedenstellend sind. Waren es früher hauptsächlich wirtschaftliche Probleme, die gemeistert wurden, so besteht heute doch ein berechtigter Grund zur Hoffnung, dass auch die innere Unruhe und Leere wieder mit Sinn und Zufriedenheit erfüllt werden könnte, vor allem, wenn wir uns aufmachen, ein seelisches Miteinander und Füreinender schaffen zu wollen, das dann vielleicht auch ganz neue Formen des Zusammenlebens und Arbeitens hervorbringen kann.

Thomas

Wo kämen wir hin,
wenn jeder sagte
wo kämen wir
und keiner ginge
um zu schauen,
wohin man käme,
wenn man ginge.

Warum Gemeinschaft?

Es ist nicht ganz einfach, ein „Modell" zu beschreiben, dessen Inhalte ich mir zwar ganz gut vorstellen, nicht aber die vielfältigen Erfahrungen vorwegnahmen kann, die von den Einzelnen erbracht und erlebt werden müssen, um den Sinn und Zweck des Modells zum Tragen bringen zu können. Das Alte und Starre zu beleuchten und daraus Ziele zu formulieren, die den gewollten Weg in eine bewusstere und freiere Zukunft führen können, ist dann auch eher in einer funktionierenden Gemeinschaft möglich, als in gesellschaftstheoretischen Abhandlungen.

Wenn wir auch noch so viel von alternativen Utopien träumen, solange wir nicht auf dem Wege eines Miteinander-Handelns zusammenkommen und arbeiten, können keine wirklichen Fortschritte erzielt werden. Und gerade diese gemeinsamen Fortschritte können an dem Unvermögen unserer Mainstream-Gesellschaft rütteln, wenn sie auf Destruktives verzichten, um etwas Konstruktives fördern zu können.

Jede Gesellschaft braucht eine Ordnung, braucht bestimmte Regeln, die für die Bereiche Wirtschaft, Soziales und Kultur gelten, um diese miteinander verbinden zu können. Man braucht aber kein Staatsfeind zu sein, um zu erkennen, dass die Grundregeln unserer Gesellschaft prinzipiell zwar gut getroffen, leider aber oft nicht zum Wohle der einfachen Bürger angewandt werden. Viele Entscheidungen, die dafür verantwortlich sind, werden in erster Linie aus gewissen Sachzwängen und Interessengruppen heraus getroffen, wie im Lobbyismus der Agrar-, Öl-, Pharma-, Nahrungsmittel- oder Auto-Industrie.

„Der Grund aller Verkehrtheit in Gesinnungen und Meinungen ist die Verwechslung des Zweckes mit dem Mittel".

Novalis

Das Grundübel unserer Zeit ist neben dem verantwortungslosen und selbstsüchtigen Menschen vor allem das Geldsystem, das seine berechtigte Funktion als Tauschmittel längst zugunsten von

Macht und ihrer Konservierung verwandelt hat. Menschen, die durch ihre Stimme bei Wahlen und der Geldanlage bei einer Bank alle Möglichkeiten mitzuentscheiden abgeben, haben dadurch jede direkte Einflussnahme verloren. Was übrigbleibt ist nur, dass sie sich ein Urteil bilden können über die Auswirkungen der immensen Misswirtschaft, deren Folgen wir immer stärker zu spüren bekommen (Umwelt, Klima, Gesundheit, Soziales).

Diese negativen Tendenzen ließen sich durch einen vernünftigeren Umgang mit dem Geld umkehren. Praktische Ansätze hierzu sind zum Beispiel die durch Sparsamkeit und Austausch von Betriebs- und Arbeitsmitteln freiwerdenden Gewinne, um sie in andere Bereiche zu leiten. Durch die Unterstützung der Fähigkeiten Einzeler und ihrer Initiativen können Ideen umgesetzt, ein lebenswertes Umfeld geschaffen und das Kultur- und Geistesleben gefördert werden. Im Mittelpunkt dieser Überlegungen steht das Verhältnis zwischen Natur, Mensch und Erde. Nicht nur die Natur und die Erde sind für den Menschen da, sondern auch umgekehrt, der Mensch für die Natur. Durch eine Erweiterung und Verwandlung des anlalytisch-abstrakten Denkens in ein ganzheitlich-lebendiges Denken und der wahrnehmenden und erkennenden Betrachtung unserer Lebenszusammenhänge lassen sich Schritte entwickeln, die unser zerstörtes Gleichgewicht mit der Erde wieder gesunden.

„Man kann Zeit in Geld verwandeln, wie man elektrischen Strom in Licht und Wärme verwandeln kann. Irrsinnig und gemein an jenem dümmsten aller Menschheitssätze ist ja nur dies, dass Geld unbedingt als Bezeichnung für einen höchsten Wert gesetzt wird.

Das Geld, das Geschäft, die Maschine und der Staat sind die Erscheinungsformen des Teufels in unserer Zeit. Es verdirbt uns Speise und Luft, Schlaf und Traum. Dennoch müssen wir aus- und standhalten und uns nicht unterkriegen lassen, sonst hat unsere Zeit der nachfolgenden nichts zu vererben".

Hermann Hesse

Für das wirtschaftliche Leben wird zukünftig ein brüderliches Verhältnis mit der Erde und mit der Natur angestrebt. Die Befriedigung der Bedürfnisse der Menschen dürfen der Natur keinen allzu großen Schaden zufügen. Notwendige Umweltbelastungen müssen auf ein Mindestmaß reduziert werden. Alte Hochkulturen haben uns Pyramiden, Tempel und Kathedralen hinterlassen, aber keinen Müll. Allein der heutige Atommüll verstrahlt unsere Nachkommen undenkliche Zeiten lang. Welch ein Armutszeugnis für die ach so eingebildete, technikaffine und materialistische Kultur.

Transportwege verkürzen, regionale Wirtschaft stärken, eine Bedarfsorientierung im Dialog von Verbrauchern, Händlern und Produzenten, um Unnützes und eine Überproduktion, wie auch schlechte Qualität der Waren zu verhindern, das ist sehr leicht machbar, wenn der politische Wille vorhanden wäre.

Viele Verbesserungsvorschläge und Anregungen gibt es ja schon, die zunächst erst im „Kleinen" angewendet werden müssen, wo dann auch jeder für sein Tun und Lassen selbst verantwortlich ist. Doch die Gemeinschaft soll die kreativen Impulse der Einzelnen mittragen, auch was das Verhältnis von Lohn und Leistung betrifft. Das macht ja erst den Segen einer Gemeinschaft aus, dass sie die Einzelnen in ihrer persönlichen Entfaltung fördern will. Daraus entspringt dann auch die Quelle für ein sittliches Handeln und ein Verständnis für die Motive der Anderen.

Durch einen bewussten, wahrnehmenden Umgang miteinander werden soziale Fähigkeiten entwickelt, die nötig sind, um als freie Menschen in eine offene und lebendige Gemeinschaft hineinwachsen zu können.

„Kostet das Glück der Hingabe, das Glück der Bedürfnislosigkeit, das Glück hilfsbereiter Zusammenarbeit! Kein anderer Weg führt euch so rasch und so sicher in das Wissen von der Einheit und Heiligkeit des Lebens. Kein anderer Weg auch führt euch so sicher zum Ziel aller Lebenskunst, zur freudigen Überwindung des Egoismus – nicht aber durch Verzicht auf Persönlichkeit, sondern durch deren höchste Entwicklung".

Diese hier genannten Ideen, die Ansätze liefern sollen für eine konkrete Zusammenarbeit, sind Teilergebnisse unserer bisherigen gemeinsamen Arbeit und natürlich noch lange nicht vollkommen oder gar vollständig. So sind sie nur kleine Schritte auf dem Weg, den die Gemeinschaft gehen muss, um zusammen zu wachsen und den spirituellen Forderungen unserer Zeit gerecht zu werden. Wir sind nämlich zu der Überzeugung gelangt, dass eine Gemeinschaftsbildung der erste Schritt sein muss, bevor konkrete praktische Dinge unternommen werden können.

Für den Anfang wollten wir damals einen eingetragenen, gemeinnützigen Verein gründen. Aber auch andere rechtliche Rahmen können gewählt werden, die für das jeweilige Gruppenziel eventuell besser geeignet sind. Eine gültige Rechtsform hat die Aufgabe, unsere Vorstellungen nach außen zu tragen, um noch mehr Menschen für das Projekt und damit für unsere Ziele begeistern zu können.

Die Gemeinschaft kann sich in einen wirtschaftlich ausgerichteten, in einen zwischenmenschlichen und in einen kulturellen Bereich aufgliedern. Im Wirtschaftsbetrieb sollen eigenverantwortliche Initiativen zusammenarbeiten. Im Vereinsbereich findet die Kommunikation zwischen den Mitgliedern statt. Der Verein darf Anregungen vermitteln, beraten, die einzelnen Initiativen fördern, Gedanken nach außen tragen und den Mitgliedern und Freunden die Teilnahme am Gemeinschaftsleben und an Veranstaltungen ermöglichen. Der Kulturbetrieb soll der Öffentlichkeit den Zugang zum Projekt eröffnen und geistige beziehungsweise kulturelle Ideen und Veranstaltungen fördern.

Peter

„Die Welt schreit nach Wahrheit, nach neuen Richtlinien, nach neuen Gesetzen, nach neuen Gemeinschafts- und Lebensmöglichkeiten für die erschütterte Menschheit. Aber die neuen Wahrheiten und Gesetze werden Schatten sein, wie die alten von Macht und Krieg es waren, wenn sie nur aus Technik und äußerer Not entstehen. Sie müssen aus Selbsterkenntnis er-

wachsen. Und zur Selbsterkenntnis führt jeden von uns nur der Weg ins eigene Herz".

„Wahrer Beruf für jeden ist nur das eine: zu sich selbst zu kommen. Er mag als Dichter oder Wahnsinniger, als Prophet oder als Verbrecher enden – dies ist nicht seine Sache. Seine Sache ist, das eigene Schicksal zu finden, nicht ein beliebiges, und es in sich auszuleben, ganz und ungebrochen. Alles andere ist halb, ist Versuch zu entrinnen, ist Rückflucht in Ideale der Masse, ist Anpassung und Angst vor dem eigenen Innern".

Hermann Hesse

(Auch die oben genannten Zitate sind von ihm).

Im Folgenden ein Auszug aus einer Schrift aus der Bewegung für die „Dreigliederung des sozialen Organismus".

„Wir befinden uns bewusstseinsgeschichtlich betrachtet in einem Stadium des alleranfänglichsten Herantastens an das höhere Wesen im Menschen. Im sozialen Leben ist das Übungsfeld hierfür jener von Rudolf Steiner sogenannte „freie Verkehr von Individualität zu Individualität", durch den ich mein eigenes ideales Wollen dem fremden idealen Wollen entgegentrage, in dem Bestreben, nicht das ausschließende Urteil im Entweder - Oder, sondern die gegenseitige Bestärkung im Sowohl-als-Auch zu suchen. Nicht um „Kompromisshaftigkeit" im geläufigen Sinne handelt es sich, denn diese hat im geistigen Leben nichts zu suchen. Ich prüfe meine Intentionen und Taten nicht daran, ob sie mit fremden Intentionen und Taten einig gehen oder irgendeiner allgemeinverbindlichen Idee von Fortschritt und Allgemeinwohl entsprechen, sondern daran, ob sie in all ihrer Eigenständigkeit soviel Freiheits-, das heißt Liebessubstanz in sich bergen, dass ich

andersartige Intentionen und Taten, die ebenfalls aus Idealismus geboren sind, nicht zurückweisen muss, sondern gesprächsbereit begrüßen kann. Selbst- und Geltungssüchtige, nur auf persönlichen Vorteil, Lust- und Machtlustbefriedigung gerichtete Bestrebungen kollidieren, freie Bestrebungen kommunizieren. Das ist ein Gesetz.

Es ist ein Grundirrtum der bürgerlich-kapitalistischen Weltanschauung, dass sie von der Möglickeit der Kommunikation blanker Egoismen ausgeht.

„Freiheit im Geistesleben" ist nicht nur die Freiheit, die ich für mich beanspruche, sondern auch und vor allem diejenige, die ich aktiv toleriere, das heißt, die ich für alle beanspruche. Die Freiheit des Nebenmenschen wird für den Freien zum höchsten Anliegen, - aber nicht im Sinne des Vernunftegoismus, der mir sagt: Lasse den anderen gewähren, dann wird er dich gewähren lassen, sondern aus Liebe zur Wahrheit. Denn die Liebe zur Wahrheit belehrt mich rasch darüber, dass sie kein quantifizierbarer Bestandteil ist, von dem der eine mehr, der andere weniger zusammenraffen und besitzen kann. Denn sie zeigt eine prozessuale Qualität, eine Ereignis-Qualität, ein Dialoggeschehen, in das jeder sein Ur-Eigenstes einbringt, den Nebenmenschen in seiner Ureigentüm-lichkeit mit ebensolcher Vorfreude erwartend, wie lange getrennte Freunde einander erwarten.

Erwarte ich den Freund, um sein Gesicht zu verändern? Nein. Ich will sein Gesicht sehen. In diesem Sinne ist freies Geistesleben überall dort, wo uneigennütziges Interesse an Ideen, Werken und Zielen anderer Menschen und Menschenzusammenhänge auf der Wahrnehmungsseite dieselbe innere Haltung kennzeichnet, für die auf der Tatseite gilt: „Frei ist der Mensch, insofern er in jedem Augenblick seines Lebens sich selbst zu folgen in der Lage ist".

Ich muss mein Verhältnis zur Ideenwelt einerseits auf der mir gemäßen Stufe alleine finden und gestalten und die Früchte dieses Verhältnisses in die mir gemäße Form kleiden. Andererseits ist es eine Tatsache, dass sich ideelles Leben als sittliches Leben nur in einem kommunikativ-dialogischen Element entfalten kann.

Mein individuelles Ideenvermögen findet nur aus dem indivi-
duellen Ideenvermögen anderer den kräftigenden, verlebendigen-
den Zustrom, den es braucht, um nicht unkreativ, das heißt zwang-
haft zu werden. "

In diesem Artikel, der mir „zufällig" zu Händen gekommen ist, wurde mir wieder bewusst, wie wichtig es für mich ist, eine „menschliche" Arbeit zu finden.

Es geht mir dabei nicht nur um die Arbeit, die ich täglich voll-bringe, sondern um mein Umfeld, um die Menschen, die während meiner Arbeit um mich sind. Und da gibt es große Differenzen zwischen mir und manchen Kollegen.

Ich bin nun mal nicht daran interessiert, wie ich mein Geld am besten anlege, damit es sich noch mehr vermehrt oder an den vielen Dingen, die man scheinbar so zum Leben braucht, wie ein schickes Auto, eine Eigentumswohnung, die neuesten elektroni-schen Geräte und vielen Urlaubsreisen, es im Endeffekt aber noch immer nicht genügt und ausreicht. Denn daraus entsteht ein immer größer werdender Kreis, welcher sich weder öffnet noch zu einem Stillstand kommt.

Nun gut, es haben nicht alle die gleichen Interessen. Es wäre ja auch schon schön, wenn man einander zuhört und offen und ehr-lich seine Meinung wiedergeben kann und nicht nur irgendetwas sagt, was derjenige vielleicht gerne hören will. Daraus entwickelt sich nämlich mit der Zeit ein „Versteckspiel", vor sich selbst und vor den anderen und irgendwann schwimmt man mit dem Strom der Zeit nur noch mit.

Aber an was kann ich mich noch orientieren, wenn alles um mich herum nur eine persönliche Meinung, ein momentaner Ausdruck oder gar eine Lüge ist und ich selbst stark aufpassen muss, dass ich mich nicht auch noch anstecken lasse.

Da ich ehrlich gesagt nicht die Kraft habe, diese Mitmenschen ein wenig zurecht zu rücken, so dass sie ehrlich sagen, was sie wirk-lich meinen und nicht in den nächsten Tagen wieder was ganz anderes behaupten, so habe ich mich entschlossen, mir ein neues Umfeld zu suchen, wo die Menschen noch offen und authentisch sind und die Arbeit nicht nur dazu dient, dass ich ein monatlisches Einkommen verdiene, sondern auch noch Freude daran habe.

Gewiss muss ich einige Gewohnheiten und Bequemlichkeiten aufgeben. Oder? Gebe ich überhaupt etwas von mir auf?

Ist ein Zusammenleben mit anderen Menschen, welche nicht nur nach ihrem Egoismus, ihren Begierden und Machtbestrebungen leben, eine Bereicherung für mich? Kann ich da vielleicht wieder das „Menschsein", den Umgang mit den Mitmenschen neu erlernen?

Ich bin überzeugt, wir können viel voneinander lernen, wenn wir dies nur ehrlich wollen. Dass es solche Menschen gibt, weiß ich und so bin ich überzeugt, wenn es im kleinen Umfeld menschlich zugeht, so wird dies auch weitere Kreise berühren, solche, die immer wieder aufbrechen wollen und nicht starr in ihrer einmal geprägten Form verbleiben.

Der südamerikanische Arzt und Revolutionär Che Guevara sagte einmal: „Ein wirklicher Mensch muss jeden Schlag am eigenen Leibe spüren, der einem anderen Menschen versetzt wird".

Das nenne ich ein echtes Mitgefühl.

Agnes

Menschenbeifall

„Ist nicht heilig mein Herz, schöneren Lebens voll,
seit ich liebe?
Warum achtetet ihr mich mehr, da ich stolzer und wilder,
wortreicher und leerer war?

Ach, der Menge gefällt, was auf dem Marktplatz taugt.
Und es ehret der Knecht nur den Gewaltsamen.
An das Göttliche glauben die allein,
die es selber sind".

Friedrich Hölderlin

Frei, sich selbst zu wandeln

Die Naturwissenschaften und vor allem die daraus hervorgegangene Evolutionstheorie, haben die mystischen, religiösen und sinngebenden Elemente in unserer Kultur weitgehend verdrängt. Die Menschen in früheren Zeiten waren noch eins mit der Natur und mit dem Göttlichen, das sie in die Natur und damit in den Mittelpunkt der irdischen Welt hineingesetzt hatten. Außerdem war der Einzelne bis ins Mittelalter als Gleicher unter Gleichen in der Glaubensgemeinschaft der Kirche noch mehr geborgen.

In unseren Tagen hat sich der Mensch weitgehend über die Natur erhoben, der Glaube ist durch die Naturwissenschaften sehr stark zurückgedrängt worden und im Mittelpunkt der Welt leben wir schon lange nicht mehr, das bezeugte schon der Übergang von einem geozentrischen zu einem heliozentrischen Weltbild.

Was hat unser Leben folglich noch für einen Sinn?

Das weiß ich auch nicht so genau, denn die kirchlichen Glaubensdogmen befriedigen mich nicht wirklich und die Naturwissenschaften haben ja nicht nur Nachteile. So begann der „aufgeklärte" Mensch bestimmte Dogmen, Gebräuche und herkömmliche Gesellschaftsstrukturen zu hinterfragen und schaffte sich so gewisse Freiräume für ein individuelles Denken und Handeln.

Heute sieht es noch so aus, dass wir in Deutschland zwar ziemlich große Freiräume haben, aber damit irgendwie in der Luft hängen – ohne ein selbsterkanntes gesellschaftliches Ziel und damit ohne eine positive Vision für die Zukunft. Eher wird uns in den Massenmedien ein immer „Weiter so" mit viel Konsum und einem scheinbar endlosen Wirtschaftswachstum eingeredet.

Eine Konsum- und Wahlfreiheit ist aber noch keine wirkliche Freiheit, denn wir müssen die Früchte unserer Entscheidungen irgendwann selber erfahren und die können alles andere als frei machen.

Das Selbstsein-Wollen, der Eigenwille und die individuelle Selbstbestimmung bringen vermehrt auch eine Einsamkeit mit sich. Und so füllen viele Menschen ihre Freiräume mit Freizeitstress, mit Rast- und Ruhelosigkeit, um ja nichts zu versäumen oder aber mit vielfältigen Süchten, anstatt diese Freiräume mit einem freien und sozialen Denken und Handeln auszufüllen.

„Frei sein" ist eine Kunst, die jeden Tag neu erlernt sein will und die auf der Einsicht beruht, dass jeder Mensch zumindest von zwei Seiten bestimmt und gefordert wird. Da ist zuerst eine Festlegung und Begrenzung durch Triebe, Gefühle und unserem physischen Körper aus der Vererbung, sowie von außen durch Erziehung, durch Sitten- und Moralgesetze, wie überhaupt eine ziemliche Fremdbestimmung durch die gesellschaftlichen Verpflichtungen vorgegeben ist.

Die Kunst ist es nun, mithilfe einer an moralischen Grundwerten orientierten Phantasie, in jeder Situation neu zu entscheiden, auf welche Seite ich mehr höre, auf die leiblichen oder die außerleiblichen Einflüsse - oder noch besser, beide Seiten so miteinander zu vereinen, um daraus etwas ganz Neues, von mir selbst Errungenes und Gestaltetes entstehen zu lassen.

Ich muss folglich durchschauen, was mich von außen bestimmt oder bestimmen will und was mich innerlich bewegt. Dazu brauche ich ein eigenes und gesundes Urteilsvermögen, das auf fundiertem Wissen und Argumenten beruht und nicht so sehr auf seelischen Sympathien oder Antipathien. Meine Entscheidungen sollten vielmehr auf einem gesunden Urteilsvermögen beruhen. Zu einem fundierten Wissen gehört natürlich auch die Psychologie, die Ökologie, die Landwirtschaft, wie überhaupt alle Wissensgebiete über den Menschen und die Welt.

Um also ein gesundes Urteilsvermögen erhalten zu können, benötige ich einen freien Willen, der sich für die Dinge, Gesetze und Wesen der weiten Welt interessiert, unabhängig davon, ob diese mir sympathisch oder unsympatisch sind.

Freiheit ist ja die Bestimmung des Menschen durch sich selbst. Sie hat nur da ihre Grenzen, wo andere durch meine Freiheit verletzt oder geschädigt werden.

Somit kann also die Freiheit nicht das Einzige im Leben sein, denn oftmals geht mit ihr eine gewisse Einsamkeit und Verantwortungslosigkeit einher. Zur individuellen Freiheit muss dann auch das Soziale hinzukommen. Sozial heißt: auf andere bezogen. Antisozial heißt: auf sich selbst bezogen. Normalerweise denken wir ziemlich antisozial, auf uns selbst bezogen, was manchmal auch eine Notwendigkeit ist, um nicht von anderen ausgenutzt zu werden. Wenn ich als Beispiel aber denke: Der mir unsympathische Bäcker soll froh sein, dass ich meine Brötchen bei ihm kaufe, so bin doch sehr einseitig in meiner Betrachtungsweise. Um nämlich in einer Gruppe, in einer Gemeinschaft oder in der Gesellschaft leben zu können und darin auch einen Sinn zu finden, muss mein Denken sozialer werden. „Der mir aus irgendeinem Grund unsympathische Bäcker steht um drei Uhr morgens auf, damit ich frische Brötchen bekomme". Damit denken wir nicht nur sozial, sondern auch in einem positiven Sinne, weil ich dem Bäcker zugestehe, dass auch er aus freiem Willen handelt und sein Tun aus der Einsicht in die sozialen Notwendigkeiten beruht. Der Bäcker backt das Brot für uns Menschen und nicht nur für sich und seinen Geldbeutel.

Nur durch ein soziales Denken können sich Menschen näher kommen, sich verstehen und sich in andere hineinversetzen. Und nur so kann eine Gemeinschaft auf Dauer in einem gesunden Sinne exitieren.

Mein Denken ist dann sozial, wenn es vollkommen auf der Wahrnehmung des Anderen beruht und nicht nur auf eigenen Erfahrungen und anerzogenen Verhaltensmustern. Wenn ich mich vorurteilsfrei in den Anderen hineinversetze und seine Meinung und seinen Willen ergründe – mitsamt deren Ursachen, dann beginne ich ihn wirklich zu verstehen.

„Ihre Meinung ist mir zuwider, aber ich würde mein Leben dafür geben, dass sie sie uneingeschränkt äußern dürfen".

Voltaire

Der Wille des Anderen ist mir heilig, darum achte und ehre ich ihn. Wenn ich mit all meiner Kraft versuche, den Willen des Anderen zu verstehen und ihn dabei unterstütze, dann ist mein Handeln auch sozial geworden.

Die hohe Kunst der Freiheit besteht letztlich darin, mit Hilfe eines gesunden Urteilsvermögens und der an moralischen Grundwerten

orientierten Phantasie sich nicht nur zwischen sozial und antisozial zu entscheiden, sondern zudem schöpferisch tätig zu werden, einen „Gemeinschaftswillen" zu erschaffen und das jeden
Tag und in jeder Situation immer wieder neu.

Thomas

*„Das Heil einer Gemeinschaft ist umso größer, je mehr der
Einzelne seine Bedürfnisse von der Gemeinschaft befriedigt
bekommt und je mehr der Einzelne seine Erträgnisse der
Gemeinschaft zur Verfügung stellt".*

Rudolf Steiner

Freiheit entsteht schließlich durch die Einsicht in die Notwendigkeiten und Aufgaben, die das Leben uns stellt. Nehmen wir diese
in Freiheit und Liebe an, so werden wir sie nicht mehr als Zwang
oder Ungemach erleben. Das Leben, es ist gut, wenn wir es annehmen, bejahen und lieben, so wie es eben ist und dabei unser
Bestes einbringen zum Wohle des Ganzen.

*„Wer im Leben wirklich erwacht, erwacht immer zu sich selbst.
Solange ein Mensch noch im Bann eines fremden Willens oder
fremder Gedanken und Anschauungen dahinlebt, schläft er wie
die meisten. Es ist aber besser, in einer Wüste wach zu sein als
in einem Paradies zu schlafen".*

Waldemar Bonfels

Das Leben in einer Gemeinschaft ist nicht nur schön und einfach.
Irgendwann kommen die Schattenseiten hoch und die „Päckchen",
die wir alle mit uns tragen, erfüllen mehr und mehr die zwischenmenschlichen Räume, so dass das Gemeinsame unter den schwierigen und destruktiven Lasten recht schnell aufgebraucht ist. Da
ist dann jeder Einzelne gefordert, auf sich selbst zu schauen und in
sich Kräfte zu mobilisieren, die den niederziehenden Tendenzen
etwas Positives entgegensetzen können. Davon sollen im folgenden Artikel erste Wegweisungen mitgegeben werden.

Quellen der Kraft (Teil 1)

Wenn wir versuchen, die hier mitgeteilten Gedanken und Motive in unserem Alltag zu verwirlichen, wird doch recht bald die Frage auftauchen, was hilft mir denn wirklich und zwar nicht nur eine kurze Zeitspanne lang, sondern etwas, das Kräfte beinhaltet, die mir Mut und Vertrauen geben, um auch positiv in die Zukunft blicken und schreiten zu können.

Ich möchte da als ersten Quell die menschliche Begegnung wählen. Oft geschieht es, jemand tritt mir gegenüber und ich beurteile ihn sofort nach meinen Gefühlen. Wenn derjenige mir sympathisch ist, möchte ich gerne mit ihm zu tun haben, andernfalls, wenn er nicht meinen Erwartungen entspricht, verschließe ich mich ihm gegenüber.

Doch was habe ich eigentlich für ein Bild vom Anderen? Kann ich damit sein inneres Wesen erkennen und beurteilen? Ist die äußere Erscheinung auch schon alles?

Um eine Gemeinschaft bilden zu können, in der jeder Einzelne seine Individualität zur Geltung und Ausgestaltung bringen kann, was mit dem Begriff der Selbstverwirklichung gemeint ist und daraus etwas Gemeinsames entstehen soll, ist ja nicht so leicht, da wir Menschen doch sehr verschieden sind. Damit trotzdem ein Zusammenleben und ein Respektieren der Anderen möglich wird, bedarf es sozialer Grundkräfte, die sich aber jeder selbst erwerben muss, da diese nicht mehr von „außen" bestimmt und gefordert werden können. Daraus erwächst ein Schulungsweg, der zu einem idealen und sozialen Menschsein beitragen und hinführen kann.

Heutzutage hat jeder Erwachsene eine Mitverantwortung für das Ganze. Weltkonflikte betreffen jeden. Was zum Beispiel in Süd-Amerika geschieht, geht auch mich etwas an. Äußerlich gesehen, vor allem im Wirtschaftlichen, ist die Menschheit zu einem Ganzen zusammen gewachsen. Man kann deshalb auch von einem globalen Bewusstsein sprechen, das sich die letzten Jahre und Jahrzehnte immer stärker herausgebildet hat.

Wir können durch die modernen Medien so ziemlich alles erfahren, was auf der Erde und auch im All geschieht. Jedoch, haben wir auch die inneren Fähigkeiten, um auf die großen Weltkonflikte, wie auch auf die Zerwürfnisse im zwischenmenschlichen Bereich, positiv, erweiternd und fruchtbringend einzuwirken?

Da genügt es längst nicht mehr, alles nach meinem subjektiven Urteil, also mit Sympathie und Antipathie zu betrachten. Zu der Seite der Selbsverwirklichung meiner Persönlichkeit, muss folglich diejenige der Selbsterziehung hinzukommen, Ein Mensch, der mir begegnet, hat eine Vergangenheit und ist durch diese geprägt. Wenn ich ihn über längere Zeiten beobachte, werde ich feststellen können, dass er immer wieder mit sich selbst ringt; sei es aus freiem Entschluss, um sich zu vervollkommen oder aber das Schicksal zwingt ihn, zum Beispiel durch Krankheiten, durch Unfälle und Krisen. Jedoch, jeder trägt immer auch noch Ideale in sich von dem, was er einmal werden will.

Der Mensch erscheint somit als ein Wesen der Vergangeheit, der Gegenwart und der Zukunft und so betrachtet kann sich das anfängliche Bild enorm erweitern und ich lerne den Anderen ganz anders schätzen und respektieren.

Eine objektive Wahrnehmung des Anderen, die Kontrolle meiner eigenen Gedanken, sowie eine Geduld, Ausdauer und Toleranz, wie auch eine Unbefangenheit und Positivität ihm gegenüber, werden Fähigkeiten sein, die mir die Schlüssel zum Verstehen des Anderen sind. Und daraus kann allmählich ein Gleichmut erwachsen, der auch in schwierigen Situationen einen inneren Halt und eine Zuversicht schenkt.

Nun könnte ja jemand denken, warum das ganze Gerede. Ich leb wie ich will und brauch die Anderen nur so weit, wie es meine soziale Pflicht ist – und sonst komm ich ganz gut alleine zurecht.

Die Frage lautet für mich an diesem Punkt: Was bedeutet denn eigentlich Menschsein oder besser gesagt: ein Mensch zu werden? Wie ich den Menschen erst über die beschriebenen drei zeitlichen Ebenen wirklich kennen lernen kann, so auch meinen eigenen Bildeprozess:

Erstens betrifft dies die Ebene, in der ich meine individuellen Fähigkeiten erlernen und gestalten will. Hier muss eine unbedingte Freiheit des Einzelnen möglich sein. Dieser Bereich umfasst alles, was sich im geistigen, künstlerischen und religiösen Leben abspielt.

Früher wurde dieser Bereich weitgehend von außen bestimmt (Kirche, Staat, Familie, Stamm …). Heute haben Gemeinschaften und Verbände die Aufgabe, den Einzelnen in seinen individuellen Neigungen und Fähigkeiten zu fördern und zu schützen. Der Einzelne bestimmt sein Leben in eigener sittlicher Verantwortung. (Das freie sittliche Handeln wird in einem anderen Artikel erörtert).

Die zweite Ebene ist die der menschlichen Beziehungen und das Gestalten der sich daraus ergebenden Lebenszusammenhänge. Hier werden Formen benötigt und gesucht, die ein gutes Miteinander möglich machen. Das Prinzip der Gleichheit hat hier seine grundlegende Tragekraft. Jeder hat in der Ausgestaltung der gemeinschaftlichen Lebensformen die gleichen Rechte. Für eine Gemeinschaft beinhaltet dies die konkrete Frage: Wie gehen wir miteinander um?

Der Weg ist auch hier das Ziel. Nicht von den Einrichtungen und Institutionen sollte der Einzelne zukünftig bestimmt werden. Viel eher entwickeln und formen die Menschen ihre jeweiligen Einrichtungen nach dem Motto: „Je mehr die innere Dynamik der Einzelnen mit dem Netzwerk der Gesamtheit übereinstimmt, umso größer wird das Wohlbefinden dieser zusammenlebenden Menschen sein".

Als dritte Ebene stellt sich das Feld der Bedürfnisse der Menschen dar. Hier herrscht heute fast ausnahmslos ein Konkurrenzverhalten und eine ziemliche Habgier. Längst sind wir wirtschaftlich zu „einer Menschheit" zusammengewachsen, aber welches Ungleichgewicht herrscht gerade da, wo wir uns brüderlich beziehungsweise geschwisterlich oder solidarisch verhalten sollten. Da wo Gewinne erzielt werden, werden sie zumeist eigennützig verwendet. Denjenigen Menschen und Einrichtungen, die positive Impulse und Ideen haben, fehlt es dagegen oftmals an den notwendigen Geldmitteln, diese auch verrichten zu können. Aber es geht auch anders. In Familien wird diese Solidarität bereits praktiziert, aber auch die arbeitsteilige Wirtschaft geht in diese

Richtung, da kein Mensch nur für sich allein mehr auf der Welt bestehen kann. Rudolf Steiner hat hierfür ein Gesetz beschrieben.

„Das Heil einer Gemeinschaft von zusammenarbeitenden Menschen ist umso größer, je weniger der Einzelne die Erträgnisse seiner Leistungen für sich beansprucht, das heißt, je mehr er von diesen Erträgnissen an seine Mitarbeiter abgibt, und je mehr seine eigenen Bedürfnisse nicht aus seinen Leistungen, sondern aus den Leistungen der anderen befriedigt werden".

Rudolf Steiner (Soziales Hauptgesetz)

Im Menschen sind die seelischen Qualitäten des Denkens, Fühlens und Wollens die gestaltenden Kräfte für den sozialen Organismus, der sich urbildlich in das Geistes-, Rechts- und Wirtschaftsleben gliedert. Wie die Seelenkräfte des Denkens, Fühlens und Wollens zu sozialen Kräften und Fähigkeiten heranreifen können, ist an anderer Stelle behandelt worden.

Aber nicht nur zum Mitmenschen stehen wir in einem existentiellen Verhältnis, sondern auch zur uns umgebenden Natur. Kann sich daraus eine wertschätzende Beziehung bilden und diese auch ein Kraftfeld sein?

Wenn wir die zunehmenden Sterbeprozesse der Erde mitverfolgen, kann man eher den Eindruck bekommen, dass hier das Gegenteil der Fall ist.

Wir sprechen von der „Um"welt, weil wir ihr gegenüber stehen, von außen betrachtend. Doch die Natur ist auch in uns, zumindest in unserem Leibesgeschehen. Somit gilt es viel eher, in das innere Wesen der Natur und zwar mit einem wahrnehmenden, anschauenden Bewusstein einzudringen. Ein Mittel dafür ist das denkende Beobachten von Zeitenläufen und Zeitenrhythmen, denn in den Rhythmen können wir dem Lebendigen nachspüren und deren Kräfte gewahr werden und erkennen. Dieses Lebendige ist der Keim für eine zukünftige Wissenschaft, denn das Sterbende und Tote könnte uns heutzutage durch eine lebensfeindliche Technik schon zur Genüge bewusst geworden sein.

Über das Leben wissen wir, naturwissenschaftlich betrachtet, kaum etwas. Daher brauchen wir einen Übungsweg mit der Natur. Und dies geschieht vor allem in einem künstlerischen Prozess. Die Wissenschaften, die Künste und auch die Religionen können und müssen sich gegenseitig befruchten, damit sie als die verbindenden Kräfte zu den Naturreichen wirken können, so dass Mensch und Welt einmal eine Einheit bilden können.

Heute leben wir in einer Wissenschaft ohne Herz und ohne eine sinnerfüllende Kraft. In der Hauptsache dient sie der menschlichen Bequemlichkeit und Neugier. Für eine gute und gesunde Zukunft benötigen wir jedoch:

- eine Religion, die das Verbindende zur Natur, zum Mitmenschen und zur geistigen Welt suchen und beschreiten will, als dem Weg zum Guten,
- eine Kunst, die in das Irdisch-Sinnliche ein Geistig-Übersinnliches einpflanzen will, als dem Weg zum Schönen,
- eine Wissenschaft, die das Irdisch-Sinnliche in eine geistig-übersinnliche Gesetzmäßigkeit erhebt, als dem Weg zum Wahren.

Und der Mensch, der sich auf diesen Wegen zum Wahren, Schönen und Guten erst selbst verwirklichen kann, wird dies durch die Kraft seines Ichs vermögen. Durch sein Ich hat er die Möglichkeit, ordnend und bestimmend in diese Bereiche einzutreten, um aus seiner moralischen Intuition heraus, einen sozialen Impuls ergreifen zu können.

Wenn wir diese Ideale und Impulse in unseren Handlungen verwirklichen, so handeln wir auch sittlich und frei. Doch brauchen wir dazu eine besondere Kraft, um in jeder, auch ausweglosen Situation immer wieder „neu" beginnen zu können.

Ich-Kraft ist Kindheitskraft: Spielerisch, vorurteilsfrei, offen, unbefangen, mit ganzer Aufmerksamkeit und schöpferischer Begeisterung, mit dem nötigen Ernst und Humor aus dem eigenen Wesen heraus zu handeln, das ist eine Forderung der Zeit und zugleich die Kraftquelle für eine gute und hoffnungsvolle Zukunft.

Franz

„Um ehrlich zu leben, muss man sich auf alle mögliche Weise anstrengen; man muss sich zu befreien suchen, muss kämpfen, umherirren, sündigen, neu anfangen, aufhören, wieder anfangen, wieder aufhören und ewig kämpfen und unterliegen.

Ruhe ist seelische Gemeinheit. Darum wünscht sich auch der erbärmlichere Teil unserer Seele Ruhe; ohne zu ahnen, dass diese Ruhe mit dem Verlust all dessen verknüpft ist, was in uns an Erhabenem verborgen liegt".

Leo Tolstoi

Zur Gestaltung des Titelbildes für das Kapitel: Mittenhindurch

Das weiße Dreieck ist Symbol für die Stellung des Menschen, der in seiner Welt von der Dunkelheit umschlossen ist. Ein Weg führt zu einem Baum, dahinter die aufgehende Sonne mit ihrer leuchtend strahlenden Kraft, als Symbol des Lebens.
Der Baum ist im Winterzustand, seine dürren Äste ragen in den Himmel, als Zeichen für das Erkenntnisringen des Menschen....
Wird der Mensch als Erkennender den Weg finden zum Baum des Lebens, zur lebensspendenden Kraft der inneren Sonne?
Darin ruht unsere Hoffnung, für uns selbst und für eine Zukunft, die in lichter, geistiger Erkenntniskraft eine neue Welt erschaffen kann.

„Wir bitten euch ausdrücklich, findet das immerfort Vorkommende nicht natürlich! Denn nichts werde natürlich genannt in solcher Zeit der blutigen Verwirrung, verordneter Unordnung, planmäßiger Willkür, entmenschter Menschheit, damit nichts unveränderlich gelte".

Bert Brecht

Initiativen finden

„Leben in der Liebe zum Handeln und Lebenlassen im Verständnis des fremden Wollens, das ist die Maxime des freien Menschen"

Rudolf Steiner

Selbstverwaltung

Unsere Gesellschaft wird zunehmend von wirtschaftlichen und finanziellen Interessen geprägt und bestimmt. Dies, sowie die geringen Mitbestimmungs- und Mitgestaltungsmöglichkeiten führen dazu, dass immer mehr mündige und selbstbewusste Bürger eine Weiterentwicklung der Demokratie fordern.

Im Laufe der gesellschaftlichen Entwicklung haben sich drei Bereiche herausgebildet, die jedoch in der heutigen sozialen Praxis sehr vermischt und miteinander verflochten sind, nämlich:
- das wirtschaftliche Leben
- das rechtlich-politische Leben, die Verwaltung
- das kulturell-geistige Leben.

Das wirtschaftliche Leben beinhaltet die Herstellung von Waren und Gütern, deren Vertrieb und Verbrauch, sowie bestimmte Dienstleistungen. Es regelt also die materielle Seite des Lebens. Da die Produktion von begrenzten Rohstoffen und Bodenschätzen, wie auch von den Kompetenzen und Motivationen der Beteiligten abhängig ist, bringt sie gewisse Sachzwänge mit sich.

Zum politisch-rechtlichen Gebiet gehören alle Rahmenbedingungen des öffentlichen Lebens, die durch Verordnungen, Gesetze, Rechte und Pflichten bestimmt sind. Es regelt die Beziehungen der Menschen und Völker untereinander. Da die Gesellschaft sich ständig verändert und weiterentwickelt, müssen die rechtlichen Anpassungen mit dieser Entwicklung Schritt halten können. Die Menschen entscheiden dabei mit ihrem demokratischen Willen, letztlich schaffen sie die Gesetze mit.

Das kulturell-geistige Leben umfasst das, was aus den persönlichen Kräften und Fähigkeiten der Menschen in die Gesellschaft beziehungsweise in die Gemeinschaft einfließt. Die individuelle, geistige, künstlerische und wissenschaftliche Kraft ist von Mensch zu Mensch verschieden.

Da diese drei Gesellschaftsbereiche unterschiedliche Aufgaben und Funktionen erfüllen, müssen sie auch verschieden strukturiert sein. Alle drei Bereiche geben sich folglich selber ihre für sie passende Struktur und zwar unabhängig voneinander. Letztlich arbeiten sie alle für das große Ganze, für den sozialen Organismus der Gesellschaft. Und wie im Großen, so auch im Kleinen.

Warum wollen wir als Gemeinschaft in einem kleinen Verein eine Selbstverwaltung anstreben?

In einer selbstverwalteten Einrichtung reden, urteilen und entscheiden nur die Personen mit, die regelmäßig mitarbeiten. Sie haben ja auch die Konsequenzen ihrer Entscheidungen zu tragen. Das heißt aber nicht, dass andere keine Informationen, Anregungen und Ideen einbringen dürfen.

Viele Menschen arbeiten in Betrieben, in denen ihre Tätigkeiten und Aufgaben vorgeschrieben werden und sie darauf wenig Einfluss haben. Dadurch geht oftmals die Freude an der Arbeit verloren, die Unzufriedenheit wächst. Das Eingespanntsein in einen routinierten Arbeitsablauf wirkt sich negativ auf die betroffenen Personen, aber auch auf ihr soziales Umfeld, ihr gesellschaftliches Leben aus.

Eine soziale Bedingung für eine menschengemäße und gemeinschaftliche Entwicklung in der Arbeitswelt erfordert eine Mitwirkungs- und Gestaltungsmöglichkeit, wie sie in einer selbstverwalteten Einrichtung gegeben ist. Jeder Mensch braucht zutiefst die Freiheit, um seine eigenen Persönlichkeitskräfte entfalten zu können. Dies kann er in den vielfältigen menschlichen Beziehungen als Gleicher unter Gleichen erreichen. Ebenso ist es wichtig, ganz praktisch in und für die Gemeinschaft tätig sein zu können.

Selbstverwaltung, Gemeinschaftsbildung und entsprechende praktische Tätigkeiten sind unumgängliche Bedingungen für ein gutes Gelingen einer menschlicheren Welt.

Regeln der Selbstverwaltung:

- Jede/r hat das Recht, nach sachlichen und persönlichen Überlegungen mitzuentscheiden, wer in die zusammenarbeitende Gruppe hinein- und hinzukommt.
- Die Gruppe soll ihre Rechte, die Pflichten und die Aufgaben- und Verantwortungsbereiche selbst regeln.
- Die innere Struktur ist von der Größe und der Art der Einrichtung abhängig. Dabei muss eine Entwicklungsmöglichkeit durch alle Beteiligten erhalten bleiben.
- Auch die Ziele und Aufgaben sollten gemeinsam festgelegt werden. Konkret soll sich die Gruppe an den Menschen, für die gearbeitet wird, orientieren und für deren Bedürfnisse eintreten.
- Die finanziellen Grundlagen, wie Ausgaben und Einnahmen, Investitionen und die Höhe der Gehälter sollten von der Gruppe ermittelt werden. Für die Festlegung der Löhne können folgende Gesichtspunkte herangezogen werden: die Leistung des Einzelnen, die individuellen Bedürfnisse und das gesellschaftlich Übliche beziehungsweise das wirtschaftlich Mögliche.
- Die Verfügung über die Arbeitsgrundlagen (Grund und Boden, Gerätschaften, Gebäude …) sollten durch ein „neutralisiertes" Eigentum oder durch Pachtverträge der Gemeinschaft für ihre Tätigkeiten zur Verfügung stehen.
- Kapital (Geld- und Realkapital) kann nur durch die Zusammenarbeit aller gebildet werden. Volkswirtschaftlich betrachtet stehen der Kulturbetrieb und der Wirtschaftsbetrieb in einem gewissen Gegensatz.
- Die Zusammenarbeit und der Austausch von selbstverwalteten Einrichtungen verschiedener Gesellschaftsbereiche ist notwendig.

Diese Regeln sind Leitlinien für Gruppen, die sich selber bestimmen wollen. Ihre Ausgestaltung ist jedoch auf die jeweiligen Bedingungen abzustimmen.

Elisabeth

„Alle unsere Streitigkeiten entstehen daraus, dass einer dem anderen seine Ansichten aufzwingen will"

Mahatma Ghandi

Als Beipiele für Initiativen, die von der Gemeinschaft mitgetragen werden können, sollen die folgenden Entwürfe mitgeteilt werden. Alles befand sich damals in unserer Gruppe noch am Anfang, doch etliche Ideen und Wünsche gab es schon, die zu unterstützen sinnvoll waren. Dabei ist zu beachten, dass diese Artikel schon vor Jahren verfasst wurden. Doch sie können auch noch für den heutigen Gemeinschaftssucher informativ und anregend sein.

Vorstellung einiger Initiativen für unser Projekt:

Vor ungefähr einem Jahr hatte ich mich entschlossen, aus meiner Hobby-Imkerei mit 15 Völkern schrittweise einen Nebenerwerbsbetrieb aufzubauen, um dann irgendwann selbstständig werden zu können. Ich beschäftige mich schon viele Jahre mit den Bienen, mit ihrer Aufzucht und den verschiedenen Bienenprodukten.
Die Imkerei ist eine sehr vielfältige und interessante Tätigkeit und hat für Mensch und Natur eine existentielle Bedeutung. Der Imker muss daher nicht nur das Wesen der Biene verstehen und fühlen können, sondern ebenso mit der Pflanzenwelt und dem Klima vertraut sein. Zudem benötigt er ein handwerkliches Geschick.
Durch Honig, Pollen, Propolis und Gelee Royal geben die Bienen den Menschen Heilmittel zur Hand, die wirkungsreicher und nebenwirkungsfreier wohl nirgends zu finden sind. Dazu gibt es zahlreiche weitere Produkte und Maßnahmen, die in einer Imkerei anfallen, die ich im Einzelnen hier aber nicht mehr aufzählen will.
Mir geht es dabei nicht um eine gewinnorientierte „Ausbeutung" der Völker, sonder darum, dafür zu sorgen, dass die Bienen ihren Zweck zur Erhaltung einer intakten Natur erfüllen können.
Diese meine Tätigkeit will ich gerne in ein gemeinschaftliches Projekt einbringen und da mithelfen, wo ich gebraucht werde.

Peter

Mit circa 10 Jahren Verspätung, Ende der 70iger Jahre machte ich Bekanntschaft mit den Ideen der 68iger Bewegung. In der Friedensbeweging traf ich auf ein paar Apo-Opas und über sie kam ich dann zu allen möglichen Alternativ- und Öko-Gruppen. Beschäftigt haben wir uns mit Friedens- und Verkehrspolitik, mit Städtebau, Tourismus und der 3. Welt Problematik.

Die Ergebnisse solcher Arbeitskreise führten zumeist zu Demonstrationen, Petitionen, Marktständen, Kundgebungen oder wenigstens zu Flugblättern.

Inzwischen denke ich, dass die Zeit des Kritisierens und Vorschläge Unterbreitens vorbei ist. Wir müssen Vorschläge vorleben; in der Hoffnung, dass ein „anderes" Leben soviel Anziehungskraft auf andere entwickelt, dass sie ohne Marktstandpredigten oder Kundgebungen von sich aus darauf kommen, dass es anders besser gehen kann.

Nun bin ich seit etlichen Jahren Bauer und habe in meiner Tätigkeit als Betriebsleiter alle möglichen handwerklichen Fertigkeiten mitgekriegt.

Entsprechend gehen meine Wünsche für ein Projekt mehr in die handwerkliche Richtung und dem Anbieten von entsprechenden Dienstleistungen. Durch diese besteht die Möglichkeit, Gedanken und Ideen nach außen zu tragen, so dass keine abgeschlossene Insel entsteht.

Thomas

„Wir sind auf einer Mission, zur Bildung der Erde sind wir berufen"

Novalis

Mensch und Erde. Ein heilendes Tun an der Erde heilt und bildet auch den Menschen. Aus diesem Gedanken heraus ist für mich der Impuls gewachsen, die therapeutische Arbeit mit Menschen mit der Arbeit an der Erde zu verbinden.

Kultur und Natur können sich gegenseitig befruchten und ergänzen. Gerade in ländlichen Räumen kann man feststellen, dass

die Menschen eher dazu neigen, in festgefahrenen und über-
nommenen Denk- und Handlungsweisen zu erstarren. Ein er-
neuernder Impuls scheint da schwerer durchsetzbar zu sein. Dies
zeigt sich ja auch in einer einseitigen und lebensfeindlichen Land-
schaftsgestaltung; man bewegt sich in sogenannten Sachzwängen.
Es fehlt ein Handeln aus dem lebendigen Geist heraus, um neue
Möglichkeiten zu entdecken, dies auch in Experimenten und in
einem schöpferisches Gestalten, kurz: in der Kultur.
Was hat Kultur (Kunst) mit der täglichen harten Arbeit zu tun?
Heute ist die Kultur vor allem zu einem Feierabend- und Freizeitangebot, zur Unterhaltung degradiert worden. Ein künstlerisches Gestalten im Handwerk und in der Landwirtschaft, wie
auch in Dienstleistungsarbeiten ist bei den heutigen wirtschaftlichen Zwängen fast nicht mehr denkbar. Und als Einzelner ist
man da sehr leicht ohne Chance.
Daher der Versuch einer Lebens- und Arbeitsgemeinschaft.
Wieviel Vermögen ließe sich doch einsparen, wenn wir Arbeitsmittel austauschten. Viel flexibler sind wir, wenn sich verschiedene Tätigkeiten ergänzen.
Es gibt nicht wenige Menschen, die heute seelisch und gesellschaftlich entwurzelt sind und daher einen Halt benötigen. Da
können große Verbände, wie die staatlichen Krankenanstalten
nicht genügend individuelle Hilfestellungen geben. Manchmal
braucht jemand einfach nur Zeit für sich und ein liebegetragenes,
verständnisvolles Eingehen, quasi eine „Hülle", in der er sich
wieder finden und stärken kann.
Dies kann Aufgabe einer therapeutischen Gemeinschaft sein:
Soziales Zusammenleben erüben, um langsam wieder in menschliche Arbeitsprozesse hineinzufinden.
Therapie – griechisch – therapeuos, heißt so viel wie pflegen,
dienen, begleiten, also jemanden in seinem Lebenslauf in Krisen-
und Krankheitszeiten zu begleiten.

**Krankheiten, besonders langwierige, sind Lehrjahre der
Lebenskunst und einer reifenden Gemeinschaftsfähigkeit.**

Heilung heißt dann: bewusst in eine Lebensschulung einzutreten!
Auf der Ebene des physischen, seelischen und geistigen Feldes heißt das: medizinisch-naturheilkundliche Betreuung, Entwicklungshemmnisse aufarbeiten im Seelischen (Biographie-Arbeit), schöpferische Fähigkeiten entdecken und Schulung im Bilden von selbsterarbeiteten Urteilen und Zukunftsperspektiven. Gerade in der Arbeit, die überschaubare Handlungsabläufe darstellen kann und im selbstverantwortlichen Mitleben in einer Gemeinschaft erwachsen für den Kranken hoffnungsvolle und gesundende Wirkungen.

Aber auch nach außen kann so eine Gemeinschaft wirken, zum Beispiel könnte in bestimmten Dienstleistungen, durch den Verkauf der hergestellten Produkte und in künstlerischen Veranstaltungen eine Wechselwirkung und ein Austausch mit der umgebenden Bevölkerung entstehen.

Franz

„Wir müssen immer wieder uns begegnen
und immer wieder durcheinander leiden,
bis eines Tages wir das alles segnen.

An diesem Tage wird das Leiden weichen,
das Leiden wenigstens, das Blindheit zeugte,
das uns wie blinden Wald im Sturme beugte.

Dann werden wir in neues Ziel und Leben
wie Flüsse in ein Meer zusammenfließen,
und kein Getrenntsein wird uns mehr verdrießen.

Dann endlich wird das; „suchet nicht das Ihre"
Wahrheit geworden sein in unsern Seelen.
Und wie an Kraft wird`s uns an Glück nicht fehlen".

Christian Morgenstern

Kapitel 2: Miteinander

Vom lebensvollen Verständnis
zur Liebe

Einleitung

Kühle ist Flucht vor der Liebe

Um nicht zu sehr in einem ideellen und abstrakten Bereich des Diskutierens und Philosophierens stehen zu bleiben, was in der Anfangsphase einer Gemeinschaftsbildung natürlich sinnvoll und wichtig ist, jedoch auch nicht in einen vorschnellen Aktionismus zu verfallen, der mehr aus Wünschen und Emotionen hervorgeht, wurden methodische Schritte gewählt, durch die man zu einer Technik für ein soziales Handeln kommen kann:

- Jedes gemeinschaftliche Arbeiten muss beim inhaltlichen Erarbeitens eines Zieles beginnen. Welches gemeinsame Ziel kann sich die Gemeinschaft geben?

Bevor es dann zur Durchführung, also zu einer willentlichen Ausarbeitung kommen kann, bedarf es zunächst einer „Auseinandersetzung" beziehungsweise dann auch einem Zusammenfinden im zwischenmenschlichen Bereich. Dies findet vor allem auf der Gefühlsebene statt und da entscheidet sich zumeist, ob überhaupt eine Gruppenbildung möglich ist. Daher muss hier die Meinung und der Standpunkt jedes Einzelnen wahrgenommen, besprochen und akzeptiert werden. Das Reale ist hier eben die persönliche Veranlagung und Voraussetzung jedes Einzelnen. Dann erst können weitere Schritte für die Durchführung eines Projektes stattfinden.

Will ich denn wirklich in dieser Gruppe mitwirken? Kann diese Gruppe das vorgefasste Ziel auch erreichen? Jeder Einzelne, der für die Zielsetzung nicht notwendig ist und diese nicht wirklich teilt, kann die Gruppe in ihrem Fortgang behindern. Es bedarf folglich einer Ehrlichkeit sich selbst gegenüber.

Ein nächster Schritt kann dann sein, dass die Gruppe versucht, sich ein Bild zu imaginieren, zu entwerfen und zu gestalten, was da an Möglichkeiten und welche Fähigkeiten vorhanden sind und was benötigt wird für den weiteren Aufbau. Vorschläge und Initiativen dürfen eingebracht werden, die gemeinsam auf ihre

Anwendbarkeit geprüft und beurteilt werden. Wollen wir das auch wirklich so?

Erst nach dem Durcharbeiten verschiedenster Kriterien, eventuell mit der Einbeziehung und der Zuhilfenahme fachlicher Expertisen und einem Abwägen der Folgen, kann ein Entschluss gefasst werden. Und jeder, der sich an diesem Entschluss beteiligen will, hat dann auch die Verantwortung dafür zu übernehmen und zu tragen. Dies müsste nach einer bestimmten Zeit überprüft werden, also ist eine Begutachtung und Kontrolle der Durchführungen angebracht. Denn überall, vor allem auch in finanziellen Angelegenheiten, sollte eine gewisse Transparenz gewährleistet sein. Nach einer gewissen Wegstrecke ist es gut, eine „Pause" einzulegen, eine Rückschau zu tätigen und zu reflektieren, ob wir auch noch auf dem richtigen, für uns passenden Wege sind.

Dieser, wohl nicht ganz einfache Weg, kann allmählich dazu führen, dass wir in eine vertrauensvolle Gemeinschaft hineinwachsen, in der sich jeder aus freiem Entschluss für die Ziele und Ausgestaltungen verantwortlich fühlt und sich selbstbestimmt einbringen will und kann, ohne von „außen" oder auch von der Gruppe durch vorgefertigte und dogmatische Anweisungen gebunden zu sein.

Dazu sind natürlich immer wieder Treffen und Zusammenkünfte erforderlich, in denen der jeweilige Stand ausgelotet und die weiteren Maßnahmen besprochen werden können.

Franz

Jede Begegnung
lässt mich von neuem wieder fragen,
was will ich von und mit Menschen?
Was kann ich geben?
Wie kann ich teilnehmen und teilhaben lassen?
Wie kann ich eine gewisse Offenheit und
Empfindsamkeit ausstrahlen,
woraus eine Beziehung
von Herz zu Herz erwachsen könnte?

Das Ereignis der Gemeinschaft

Dieser Beitrag soll dem zwischenmenschlichen Bereich gewidmet sein. Es darf etwas Verbindendes, Gemeinschaftliches entstehen.

Wenn man im geschichtlichen Verlauf die Handhabung des Gemeinschaftswesens vorurteilslos betrachtet, so kann festgestellt werden, dass da durchaus ein Wandel stattfand. In älteren Zeiten, vor allem in der ägyptischen Hochkultur, können wir ein priesterliches Führertum erkennen. Begnadete, vom Göttlichen inspirierte Menschen verwalteten die Geschicke des Volkes. Aus einem kosmischen Weisheitprinzip heraus wurden Regeln und Lebensweisen für das soziale Miteinander, durch damals noch vorhandene übersinnliche Erkenntnisse, vom Pharao und von den Priestern ermittelt. Dies war dann bestimmend für jeden Menschen. Und jeder einzelne Mensch hatte sich hier unterzuordnen und dem „Ganzen" zu dienen. Eigene individuelle Möglichkeiten waren noch sehr begrenzt.

In der römischen Kultur und im Mittelalter kam das sogenannte Bürokratentum auf. Einzelne Menschen hatten bestimmte Bereiche unter sich. Die mussten schon eine fachliche Qualilikation besitzen, jedoch, es herrschte noch immer das Autoritätsprinzip. Durch eine fortschreitende Arbeitsteilung wird ein neues „Führertum" benötigt, das nicht mehr pyramidal ausgerichtet sein sollte. Gerade da, wo heute noch ein Bürokratentum vorwiegt, kann vermehrt eine Ineffektivität und Ungerechtigkeit festgestellt werden, die eben sozial veraltete Formen mit sich bringen.

Im Sozialen darf daher nie etwas entgültig sein. Hier waltet der Geist der Veränderung und Wandlung. Was einmal gut war, kann sich in späterer Zeit als schlecht erweisen. So gilt es immer wieder, neue Formen zu entwickeln, die sich aus den konkreten Problemen und Notwendigkeiten der Zeit ergeben.

Was wäre folglich das „Führerprinzip" in einer neuen und gleichberechtigten Gemeinschaftsform?

Nun, immer derjenige, der im Augenblick den entscheidenen Einfall und die beste Idee hat, ist der Führende. Ein ständiges

Wechseln, je nach der fachlich qualifizierten Funktion im geistigen und im wirtschaftlichen Bereich, ist damit eine Forderung.

Im Zwischenmenschlichen, ja sogar im Politischen, zählt oftmals jedoch nicht die objektive Wahrheit, wie zum Beispiel ein Gegenstand ist, sondern welche Bedeutung er für den Einzelnen hat. Und danach muss sich auch die Gesprächsform ausrichten. Derjenige, der spricht, ist der momentane „Führer" der Gruppe. Da gilt es dann, alles „Besserwissenwollen" zückzuhalten, zuhören und den Anderen in seiner Meinung und in seinem Anderssein akzeptieren zu lernen.

Dies gilt natürlich nicht für ein wissenschaftliches oder produzierendes Arbeiten, da zählt was objektiv richtig und machbar ist. Im Zwischenmenschlichen, im Sozialen ist dagegen jedes Gefühl und jede Empfindung als für diesen Menschen gültig und richtig anzuerkennen. Wir sind im Sozialen immer in einer Entwicklung, da ist noch keiner ein wirklicher Meister und so vollzieht sich die Fortentwicklung innerhalb einer sozialen Gruppe mit der Entwicklung und Geschwindigkeit der Langsamsten. Ansonsten entsteht keine wirkliche Gemeinschaft.

Dies erfordert nun eine Gesprächsform, in der der Zuhörende mit seinen Gedanken und Gefühlen vorurteilsfrei in die Sphäre des Anderen eintaucht und den Anderen gleichsam in sich hineinnimmt. „Nicht ich, sondern der Andere in mir".

Doch gerade dann zeigt der Andere in mir vieles auf, was ich vielleicht schon längst als überwunden geglaubt habe und so stoße ich mich zuweilen an ihm. Gemeinschaftsleben heißt immer auch, Konflikte zu erleben. Und dies, je intensiver ich mit ihm zu tun habe. Aber gerade das kann mich zu einer Selbsterkenntnis führen, wenn ich den Willen habe, an meinen charakterlichen und seelischen Qualitäten zu arbeiten. Gemeinschaftsleben bedarf daher eines seelischen Schulungsweges jedes Einzelnen.

Und dabei bin ich letztlich ziemlich allein, vor allem mit mir selbst beschäftigt. Gerade im Gemeinschaftsereignis werde ich meiner Andersartigkeit und meiner Getrenntheit bewusst, so paradox dies klingen mag. Und ich denke, dass das auch der Grund ist, warum viele Menschen eine verbindliche Gemeinschaft scheuen und lieber allein bleiben, zwar dabei in ihrem Trott verharren und auch nicht wirklich glücklich werden. Bequemlichkeiten und Eitelkeiten überwinden und sich seine Mängel und Fehler eingestehen zu können, auch noch vor den Anderen, erfordert sehr viel Mut und Ehrlichkeit. Vor allem die Bequemlichkeiten und Eitelkeiten sind ja die niederziehenden und entwicklungshemmenden Kräfte in unserer westlichen Kultur.

Das Streben nach einem Gemeinsamkeitserleben darf daher nicht das alleinige bleiben. Es würde die Kraft fehlen, um all die entsstehenden Konflikte bewältigen zu können. Viele Ehen scheitern ja an dieser mangelnden Kraft. Lieber geht man an den Schwierigkeiten vorbei, nur dass man ja seine Ruhe hat.

Gemeinschaft bedingt und bedeutet ein Versammeln der Teilnehmenden um einen gemeinsamen Mittelpunkt. Dieser Mittelpunkt kann die verschiedensten Inhalte haben. Die Richtung geht also von jedem Mitglied einer Gemeinschaft zu einem Gemeinsamen, das den Mittelpunkt bildet. Es ist aber auch die umgekehrte Richtung möglich, wenn der Mittelpunkt durch eine aktive, innere Tätigkeit der Einzelnen so lebendig werden kann, dass diese dessen Inhalt nach außen „strahlen" können. Und dies kann als eine reale geistige Kraft erlebt werden, die dann von Außenstehenden wahrgenommen werden kann.

Ich wünsche jedem Menschen, dass er viele Begegnungen mit anderen haben kann, in denen Gemeinsamkeitserlebnisse entstehen können, die über alle zeitlichen und räumlichen Grenzen hinweg miteinander verbinden. Das Gemeinsamkeitserlebnis als verbindendes Element in der Gemeinschaft wird oftmals aber erst nach vielen Auseinandersetzungen und Konflikten erfahrbar. Dieses Erlebnis schenkt eine stärkende Kraft, denn es ist gut zu wissen, auch wenn ich irgendwo alleine bin, es gibt noch Menschen, mit und in denen etwas Gemeinsames lebt. Und dieses Gemeinsame ist nicht an äußere Gemeinschaftsformen gebunden. Die Kraft kommt nämlich aus einem Bereich, der zwischen den Einzelnen in der Begegnung entstanden ist und zwar als ein gemeinsam zu erschaffender Mittelpunkt, der alle umfassen und verbinden kann.

Im Falle eines Verliebtseins sehe ich das auftretende Gemeinsamkeitserlebnis mehr als ein Geschenk. Dieses kann aber auch durch innere Arbeit errungen werden, denn jede Verliebtheit und Sympathie hört irgendwann einmal auf. Hat man in dieser Zeit verbindende Kräfte erworben, durch eigene Arbeit mit einem übergeordneten, überpersönlichen, menschheitlichen Inhalt, so kann daraus für jeden Einzelnen die Möglichkeit zu einem Überwinden der Konflikte entstehen. Das gemeinsame, miteinander verbindende Element gilt es in der Gemeinschaft, in der Gemeinschaftsbildung als deren Mittelpunkt zu suchen. Die Richtung geht im Weiteren von diesem Mittelpunkt zu jedem Einzelnen und durch ihn zur Außenwelt, die erst dadurch in einer menschlichen Weise ergriffen und verwandelt werden kann.

Ich möchte dies am Beispiel der Ehe verdeutlichen. Erst wenn zu der Form: „Wir mögen uns, wir brauchen uns" etwas hinzukommt, in dem man sich in der ehrlichen Begegnung einem Neuen und Unvorhergesehenem öffnet, kann daraus etwas Lebendig-Organisches entstehen. Aus der bisherigen Institution wird etwas Lebensvolles, das zu einem sozialen Quell für die ganze Menschheit wird. In diesem immer wieder neu sich Begegnen entsteht wie dazwischen ein gemeinsamer Mittelpunkt. Dieser lässt sich erfahren als eine „Befruchtung", die uns beflügelt, gemeinschaftlich zu wirken. Als urbildliche Schilderung einer solchen Gemeinschaftsbildung sei hier als ein weiterführender Impuls auf das biblische Pfingstereignis hingewiesen.

„Und ziehst du auch von Land zu Land,
und wirbst dir Freud um Freud ins Band,
und suchst dir Spiele – Tand um Tand:
du findest nicht dich selbst.

Und suchst du der Verzweiflung Ort,
und tötest der Erinnrung Wort,
und machst dir Not und Schmerz zum Hort,
du findest nicht dich selbst.

Du musst den Mut zum Dienen haben,
und lächeln ob der bunten Gaben,
dann wird dich noch im Schmerz erlaben
der Quell in deinem Selbst".

Hernert Hahn

In den folgenden Beschreibungen werden Motive einzelner Mit-
wirkender der Gruppe vorgestellt, damit sich der interessierte
Leser ein Bild machen kann, wie unterschiedlich oder ähnlich
Motive doch sein können.

Was ist ein Motiv?
Menschenkundlich betrachtet können wir verschiedene Willens-
Äußerungen erkennen, je nachdem, in welchem Bereich beziehungsweise in welcher Ebene diese im Menschen zur Geltung
kommen.

Da haben wir als Erstes den Willen, der sich in der physischen
Leiblichkeit offenbart, nämlich der Instinkt. Ganz dumpf und unbewusst werden hier körperliche Reflexe und Verhaltensweisen
nach einer höheren Ordnung geregelt.

Den Willen im vegetativen und vitalen Leben können wir im Trieb
erfahren. Der Nahrungs-, Wachstums- und Fortpflanzungstrieb ist
eine Willensäußerung im Bereich des Lebendigen.

Als Nächstes erscheint das große Feld der Wünsche, Neigungen,
Leidenschaften und Begierden als Grundtatsachen des seelischen
Lebens, so wie dieses auch im Tierreich zu erkennen ist. Hier
herrscht im Menschen ein persönlicher und zuweilen auch ein
egoistischer Bezug im Willensleben.

Die nächste Sphäre ist nun die der Motive. Der Wille wird durch
Motive den mehr leiblich ausgerichteten Vorgängen durch die
Kräfte des Ichs entwendet. Im Motiv handeln wir aus Einsichten,
zumeist in gewisse Notwendigkeiten. Das heißt mit anderen
Worten: aus der Erkenntnis wahrer und eigener Lebenszusammen-

hänge wird unser Wille ichhaft impulsiert. Da erst beginnt unser Handeln menschlich zu werden.

Zu diesen hier genannten Willensäußerungen gibt es noch weitere, wie den Vorsatz und schließlich den Entschluss, der dann in die Zukunft einwirken wird.

Die folgenden Beiträge mögen dazu dienen, ein Verständnis zu entwickeln für die Willensimpulse der einzelnen Gruppenmitglieder, um daraus ein gemeinschaftliches Handeln erkraften und vorbereiten zu können.

„Der schlimmste Weg, den man wählen kann, ist der, keinen zu wählen".

Friedrich II.

Auch ich will eine Aufgabe annehmen, in einer Gemeinschaft leben und arbeiten und dabei versuchen, dem Leben mit und in der Natur und mit meiner Umwelt einen Sinn zu geben. Dabei will ich mich den Mitmenschen nicht verschließen, sondern für diese mit Tatkraft und Lebensfreude offen sein. Nicht gegen die Menschen und gegen die Natur, viel eher mit den Menschen, mit jedem Einzelnen und diese so annehmen, wie sie eben sind, ist für mich erstrebenswert, auch wenn mir dies manchmal noch schwer fällt. Aber wenigstens will ich den Versuch machen, sie zu verstehen in ihrer eigenen Art und Persönlichkeit.

Wenn ich mich nur noch in meinem Freundeskreis bewege und nicht versuche, auch andere Menschen in mein Leben einzubeziehen, nur weil sie vielleicht eine andere Meinung haben, so habe ich mir eine schöne Insel geschaffen, welche jedoch nach außen nicht viel tragen und bewirken kann.

Ich will nicht mehr nur über diese Katastrophe, jenes Kernkraftwerk, die vielen Umweltbelastungen und Zerstörungen schimpfen, zuhause im Zimmer, wo mich keiner hört und ich bequem im Sofa vor dem Fernseher sitze. Sicherlich, ich war auch schon auf Demonstrationen, aber wenn ich nach Hause kam, ja, dann war dann doch wieder vieles in Ordnung, zumindest war das Gewissen beruhigt, etwas getan zu haben.

Nun bin ich an einem Punkt, wo ich merke, dass dies nicht alles sein kann, denn es muss natürlich noch viel mehr getan werden. Zuerst muss ich damit anfangen, einmal richtig zu kapieren, was da in der Umwelt, in der Natur und im Menschen abläuft, warum dieses mit jenem zusammenhängt, denn wenn ich ein klein wenig angefangen habe zu begreifen, kann ich auch danach handeln. Das heißt für mich, aus ökologischen Gründen in einer Lebensgemeinschaft einen Anfang machen, wo wir gemeinsam versuchen, bestimmte Probleme und Notwendigkeiten, zum Beispiel die Energie, die Mobilität, die Nahrungsmittelbeschaffung, besser lösen zu lernen. Dabei lern ich auch noch den Umgang mit anderen Menschen und darüber auch den Umgang mit mir selbst. Wie reagiere ich in bestimmten Situationen auf andere, inwieweit bin ich da noch tolerant und wo fängt mein Egoismus an?

Dies sind für mich Fragen, die ich mir schon selbst beantwortet, aber noch nie in die Tat umgesetzt habe. In einer „Zweierbeziehung" ist das wohl noch etwas einfacher, den Partner so anzunehmen, wie er ist, ohne dass ich mich dabei selbst aufgeben muss oder ich ihn einenge. In einer Lebensgemeinschaft sind viele „Einzelne", die ihre Eigenheiten und Charaktere haben, die ich ebenso annehmen, verstehen und bejahen lernen muss und will.

„Das Leben stellt jedem eine andere, einmalige Aufgabe und so gibt es auch nicht eine angeborene und vorbestimmte Untauglichkeit zum Leben, sondern es kann der Schwächste und Ärmste an seiner Stelle ein würdiges und echtes Leben führen und andern etwas sein, einfach dadurch, dass er seinen nicht selbstgewählten Platz im Leben und seine besondere Aufgabe annimmt und zu verwirklichen sucht.

Das ist echtes Menschentum und strahlt immer etwas Edles und Heilendes aus, auch wenn der Träger dieser Aufgabe in den Augen aller ein armer Teufel ist, mit dem man nicht tauschen möchte".

Hermann Hesse

Die Arbeitsgemeinschaft ist für mich aus folgendem Grund eine Notwendigkeit. In unserer Gesellschaft läuft sehr viel unter Zeit- und Geldmangel. Wir sind in so vielen Zwängen, dass kaum mehr welche glauben, daraus noch ausbrechen zu können. Zu groß sind die Abhängigkeiten, die man sich selbst geschaffen hat. Und so müssen wir ständig schauen, diese Ansprüche durch Geldmittel, also aus dem Gehalt und Einkommen gewährleisten zu können. Und damit sind wir ziemlich abhängig von der Arbeit, die dem Leben eigentlich einen Sinn, einen Inhalt und eine Aufgabe geben soll, die man mit ganzem Herzen anzunehmen versucht, in welcher Form auch immer. Gewiss müssen dann auch Arbeiten getan werden, die einem nicht immer gefallen.

Kann ich für mein Tun und Arbeiten die Verantwortung übernehmen, für mich, meine Mitmenschen und die Umwelt? Zerstöre ich, greife ich durch mein Handeln in ökologische und biologische Kreisläufe ein, die nicht mehr leicht wieder gutzumachen sind? Ignoriere ich meine Mitwelt, herrsche ich oder lass ich mich eher unterkriegen, verstehe ich die anderen oder gehe ich ihnen aus dem Weg?

Das sind viele Fragen, die mich beschäftigen, die ich aber nicht unbeantwortet lassen will und sie deshalb mit all meiner Tatkraft und meinem seelischen Vermögen angehen will.

Agnes

Hinter den krummen Linien in meinem Leben
liegt das Geheimnis einer schöpferischen Ordnung verborgen,
die ich nicht zu enträtseln vermag.
Mir bleibt kindliches Staunen,
wenn ich sie von Zeit zu Zeit erahnen darf.

„Es gilt eine Wahrheit zu finden, die wahr für mich ist,
und die Idee zu finden, für die ich leben und sterben will".

Sören Kiergegaard

Wieso Leben und Arbeiten in der Gemeinschaft?

Um der Ausbeutung der Erde und entsprechend letztlich auch von uns selbst entgegenzuwirken, sind wir meiner Meinung nach gezwungen, neue Formen des Arbeitens und des Zusammenlebens zu finden, die sich weitaus mehr an den wirklichen Bedürfnissen der Menschen orientieren, als an irgendwelchen egoistischen Wünschen. Um diese Formen zu ergründen, geht es mir bei der Vorstellung: Leben und Arbeiten in der Gemeinschaft.

Sicherlich erfordert ein solches Projekt von den einzelnen Teilnehmern eine gewisse Reife und eine innere Überzeugung für die Notwendigkeit der anstehenden Aufgaben, sowie ein Bewusstsein ihrer eigenen Motive für das zu gründende Projekt und schließlich, dass durch die gemeinsame Auseinandersetzung über die Motive und der Ausarbeitung von Ideen und Idealen ein gemeinsamer Nenner zugunsten des Projekts entstehen kann.

Die Bereitschaft des Einzelnen, sich mit den anderen Gemeinschaftsmitgliedern und der Organisation der Gemeinschaft als Ganzem auseinanderzusetzen, sowie die Fähigkeit der Gemeinschaft, auf jeden Einzelnen einzugehen, ist eine weitere Voraussetzung für eine gelingende Gemeinschaft.

Wie aber soll nun eine solche Gemeinschaft organisiert werden?

Es werden in manchen Auseinandersetzungen sehr persönliche Eigenheiten zutage treten, was bedeutet, sich erst einmal richtig kennen zu lernen, offen für den Anderen und die Gemeinschaft zu sein, den eigenen Egoismus überwinden zu lernen, vielleicht mehr geben zu müssen, als man wieder bekommt. Jedoch dürfen solche Auseinandersetzungen und Klärungen innerhalb der Gemeinschaft die anstehenden Arbeiten nicht blockieren. Somit braucht es auch neue Formen des zwischenmenschlichen Austauschs und der Zusammenarbeit.

Aufgrund dieser Motive sehe ich die Möglichkeit für mich, neue Formen im Umgang miteinander zu entdecken und zu verwirklichen, die uns alle weiterbringen können. Überhaupt ist wieder verstärkt zu lernen, miteinander umzugehen, aufeinander einzugehen, damit die Schaffung verschiedener Arbeitsbereiche ermöglicht wird. In der Auseinandersetzung mit der Arbeit innerhalb der Gemeinschaft verbinde ich vor allem einen Lernprozess in den zwischenmenschlichen Beziehungen. Es geht mir nicht darum, ein Leben in einer heilen Welt, sondern in dieser Welt ein „besseres" und ehrlicheres Leben schaffen zu können.

Eberhard (Ebe)

Ausweglosigkeit birgt in sich Neubeginn, Aufbruch -
Auferstehung.
Wenn wir glauben am Ende zu sein,
stehen wir erst am Anfang.

Die Fragen nach dem Sinn des Lebens und dem Wesen des Zeitgeistes sind heute wichtiger denn je geworden, aber immer weniger Menschen scheinen für sich selbst Antworten zu suchen oder gar gefunden zu haben. So schwierig und komplex diese Fragen auch sind, so bedeutend sind sie meiner Meinung nach für jeden einzelnen Menschen.

In unserer Zeit der materialistischen Weltanschauung und dem daraus resultierenden Umgang untereinander, verwundert es nicht, wenn sich viele Menschen, ohne einen inneren Halt, in tiefen seelischen und geistigen Krisen befinden.

Es frustriert mich sehr, wenn ich feststellen muss, wie viele Menschen leiden und dennoch krampfhaft an „ihrer" Weltanschauung festhalten, ja sogar alternative und erweiternde Tendenzen ignorieren, obwohl heute eigentlich jeder spüren kann, dass sich vieles ändern müsste. Durch dieses Verleugnen von Tatsachen und der Einbildung, es ginge immer noch so weiter wie bisher, verschärfen sich die Probleme und alternative Lösungen sind immer schwieriger durchzusetzen.

Lange Zeit habe ich gebraucht, meine Enttäuschung und meinen Zorn über diese Zustände zu überwinden. Verstanden, warum das alles so läuft, habe ich noch nicht wirklich, doch habe ich mir

Kräfte angeeignet, um positiver wirken zu können. Einfach ist es nicht, in einer lebensfeindlichen Umwelt einen lebendigeren und sinnvolleren Weg zu gehen, aber ein Versuch sollte unternommen werden, da keiner wirklich sagen kann, wie viele Generationen diese Chance noch haben werden.

Dies ist eine Aufgabe für die ganze Menschheit, ob sie diese lösen kann, weiß ich nicht, aber ich hoffe, dass viele Menschen aufwachen und bewusster, verantwortlicher, in Freiheit und mit bestem Gewissen ihre persönliche Aufgabe angehen und zu einer ursprünglichen Freude dem Leben gegenüber hinfinden werden.

Werden wir es schaffen, diese Freude am Leben nicht nur für sich selbst behalten zu wollen, sondern sie auch weiter zu schenken, so ist ein wichtiger Schritt zur Erhaltung der Schöpfung getan.

Peter

Mein Leben und Arbeiten möchte ich nach eigenen Vorstellungen, in Übereinstimmung mit der Gemeinschaft gestalten. Dabei geht es mir nicht nur darum, für den „Fortschritt" zu produzieren, sondern mein Dasein und Handeln nach ökologischen und sozialen Gesichtspunkten auszurichten.

Für Kinder habe ich vor, eine von den jeweiligen Gegebenheiten geforderte Betreuung anzubieten.

Schon vor etlichen Jahren hatte ich den Wunsch, mit mehreren Menschen auf einem Bauernhof zu leben. Dieser Wunsch ist immer noch lebendig. Inzwischen habe ich verschiedentlich mit anderen zusammen gewohnt und gelebt und dabei erfahren, dass ich mich in einer Gemeinschaft wohl fühle, in der es eine Offenheit und ein gegenseitiges Vertrauen gibt. Doch dieses Leben in Gemeinschaft gibt mir nicht nur, es fordert mich auch.

Unser Projekt soll keine „Insel" sein, viel eher ein Modell für einen bewussteren Umgang mit Mensch und Welt.

Elisabeth

Nach Schule und Ausbildung lebte ich längere Zeit alleine, mit recht wenigen Kontakten nach außen. Danach kam ich wieder ins „wilde" Leben hinein, mit Partys und Kneipen und ich muss sagen, dieses Leben ist auf Dauer gesehen öd und leer.

Das Alleinsein kann sehr lehrreich sein, aber bringt mich irgendwann auch nicht mehr weiter. Deshalb brauche ich andere Menschen, die mir Anregungen geben und mit denen ich meine Ansichten austauschen und teilen kann. Ich habe keine Probleme, die Ansichten anderer zu akzeptieren. Aus diesem Grund hielt ich mich recht umgänglich im Zusammensein mit anderen.

Da ich inzwischen verheiratet bin, muss ich leider feststellen, dass ich gar nicht so großmütig und tolerant bin, wie ich immer dachte. Da habe ich also noch zu lernen.

Wichtig ist, dass jeder in einer Gemeinschaft, ähnlich wie in einer Ehe, einen festen Willen für ein Gemeinschaftsleben mitbringt und sich vorher einigermaßen bewusst ist, auf was er sich da einlässt. Schwierige Zeiten wird es immer wieder geben, diese sind für mich nicht nur durchzustehen, sondern zu meistern, was viel Energie und Kraft benötigt, aber dann auch ein erfülltes Leben mit sich bringen kann.

Natürlich gibt es auch wirtschaftliche Vorteile in einer Gemeinschaft, weil man vieles teilen kann.

So habe ich immer noch den Anspruch, die Welt ein bißchen ändern zu wollen. Aber nicht mehr durch Demonstrationen und Kundgebungen, denn das Vorleben einer guten Zusammenarbeit und einem sinnerfülltem Dasein in einer ökologisch und sozial verträglichen Weise, kann wahrscheinlich sehr viel mehr zu einem guten Gedeihen des Ganzen beitragen.

Thomas

„Es muss zuerst der Same entstehen, nicht gleich das lebendige Wesen".

Aristoteles

Lange Jahre war ich auf der Suche nach meinem Ziel und meiner Aufgabe im Leben. Ein naturwissenschaftliches Studium konnte mir meine diesbezüglichen Fragen nicht beantworten. Die Beschäftigung mit östlichen Weisheitslehren ergab mir manch tiefe Einblicke in die Weltzusammenhänge. Aber wie verwirkliche ich dieses Wissen in der heutigen Gesellschaft?

Da genügt es nicht, in weltabgewandter Geistigkeit zu verbleiben. Ist die westliche Mentalität mehr den irdischen Erkenntnissen zugeneigt und die östliche den rein geistigen Sphären, so fehlt darin das vermittelnde, das verbindende Element. Dieses fand ich im Christentum. Jedoch nicht im Bereich der Kirche, denn der Dualismus von Geist und Materie ist da noch nicht wirklich überwunden. Es wird da zumeist immer noch zwischen dem Glauben und dem Wissen unterschieden und getrennt.

Erst durch die Beschäftigung mit der Anthroposophie konnte diese Kluft überwunden werden. In dem zu der Naturwissenschaft die Geisteswissenschaft hinzukommt, vervollständigte sich mein Weltbild mehr und mehr. Geist und Materie sind Polaritäten und bedingen sich gegenseitig.

Durch einige persönliche Lebens- und Schicksalskrisen wurde ich vertrauter mit den Fügungen und Erfordernissen unserer Zeit. So kam es, dass durch Begegnungen mit Menschen, die ebenfalls mit der Frage nach dem Lebenssinn rangen, mir neue Aufgaben gestellt wurden, nämlich andere in Krisenzeiten zu begleiten. Dazu gehört natürlich auch ein Wissen um die Entwicklungsgesetze des Menschen. Dies durfte ich mir in einigen anthroposophischen Ausbildungsstätten aneignen.

Warum aber Gemeinschaftsleben? Würde es nicht genügen, eine eigene Praxis aufzumachen?

Durch den Verlust der traditionellen Sozial- und Gemeinschaftsstrukturen, vor allem in den Großfamilien, müssen heute neue Formen gesucht und aufgebaut werden. Der Staat wird die daraus entstandenen Mängel alleine auch nicht mehr genügend ausgleichen können. Wir haben im Westen der Welt eine Tendenz zum Individualismus bis hin zum Egoismus und zu einer Vereinsamung des Einzelnen (Privatkapitalismus). Im Osten herrscht dagegen noch eher ein Gemeinschaftsprinzip. Der Einzelne hat sich da jedoch vermehrt einem Staatskapitalismus beziehungsweise der Herrschaft des Staates unterzuordnen. Wo bleibt da aber die Mitte?

Es bedarf folglich einer Gemeinschaftsform, in der der Einzelne seine individuellen Fähigkeiten frei entfalten und sie in den Dienst der Gemeinschaft stellen kann. Die Gemeinschaft hat dann die Aufgabe, für die Bedürfnisse der Einzelnen zu sorgen und deren individuelle Rechte zu schützen. Dies kann im Sinne der Sozialen Dreigliederung bestmöglich geschehen. Dadurch kann sich der Mensch von den verhärtenden, materialistischen und von den erdflüchtigen, ideologischen Tendenzen der heutigen Zeit befreien.

In unseren Tagen wird die Umsetzung der Sozialen Dreigliederung als ein anfänglicher Impuls zunächst nur in relativ kleinen Gemeinschaften und Institutionen möglich sein. Gesamtgesellschaftlich gesehen müssen dafür noch zahlreiche Hindernisse überwunden werden. Zu stark sind viele Menschen noch den persönlichen Macht- und Sicherheitsbestrebungen unterworfen, um ein neues soziales Wagnis eingehen zu wollen. Trotzdem ist die Zeit schon reif, dass auch hier konkrete neue Wege eingeschlagen werden können, sei es im Umwelt-, Sozial- oder im Erziehungs- und Kulturbereich. Für eine gesunde Zukunft sich einzusetzen, hat wohl jeder Bürger einen politischen Auftrag. Es kann dadurch ein spirituell erweitertes Christentum real werden, eine scheinheilige, sonntägliche Einkehr reicht dafür nicht.

Im Alltagsleben, im Umgang mit der Erde, mit den Mitmenschen und vor allem mit den Tieren, sowie mit einer künstlerischen Auseinandersetzung der individuellen Erziehungs- und Entwicklungsmuster des eigenen Menschseins, kann christliches Wirken sichtbar werden. Das Christentum fordert den freien und mündigen Bürger und beginnt erst langsam seine Früchte zu zeitigen.

Dies sind hier nur sehr kurz zusammengefasste Gedanken, aus denen heraus ich aus den mir zur Verfügung gestellten Kräften, im Sinne einer fortschreitenden Menschheitsentwicklung, zum Heile der Erde und des Menschen wirken will.

Franz

Suchet das wirklich praktische Leben,
aber suchet es so, dass es euch nicht betäubt
über den Geist, der in ihm wirksam ist.
Suchet den Geist, aber suchet ihn nicht in übersinnlicher
Wolllust, aus übersinnlichem Egoismus,
sondern suchet ihn, weil ihr ihn selbstlos im praktischen Leben,
in der materiellen Welt anwenden wollt.

Wendet an den alten Grundsatz:
„Geist ist niemals ohne Materie,
Materie niemals ohne Geist"
in der Art, dass ihr sagt:
„Wir wollen das Materielle im Lichte des Geistes tun,
und wir wollen das Licht des Geistes so suchen,
dass es uns Wärme entwickele für unser praktisches Tun".

Rudolf Steiner

Übertragen – beziehen – begegnen

Oftmals werden zwischenmenschliche Verbindungen eingegangen, in denen die Beteiligten, bewusst oder unbewusst, mit vorgefassten Erwartungen und Wünschen an den Anderen herangehen. Dabei werden gerne eigene Unzulänglichkeiten in die Partner, in Freunde, Arbeitskollegen, überhaupt in unsere Mitmenschen projiziert, ob diese sie nun erfüllen können oder auch nicht. In der Psychologie spricht man bei diesem Geschehen von der sogenannten Übertragung. Man überträgt eigene Gefühle, Wünsche, Vorstellungen und Erwartungen auf die Anderen. Daraus entstehen mit der Zeit gewisse Abhängigkeitsverhältnisse, denn der Andere dient mir hier als Ersatz beziehungsweise als Erfüller meiner Wünsche und Begehrungen.

Erweist sich der Andere aber als unpassend dafür, so zieht die Übertragung meistens viele Ent-Täuschungen nach sich. In solchen Verbindungen leben wir oftmals noch in Illusionen. Eigene Unzulänglichkeiten werden nicht genügend aufgearbeitet. Man ist dem Anderen gegenüber nicht frei und dieser dadurch auch nicht.

In der Beziehung zu einem Menschen überwiegt zumeist ein Sympathie-Gefühl für den Anderen. Man bezieht sich auf gewisse Eigenschaften, auf Art und Charakter des Anderen, die einem selbst gefallen. Man „schwingt" dann auf einer gleichen Ebene.

Schwierig wird diese Art der zwischenmenschlichen Verbindung, wenn sich einer der Partner in eine andere Richtung ändern will. Dann kann man die Ketten spüren, die ein sympathisches Harmonie-Gefühl bewirken kann. Alles bricht recht schnell zusammen, weil auch hier eine gewisse Abhängigkeit besteht.

In der Begegnung ist schon das Wort „Gegner" enthalten. Man sucht nicht unbedingt Gleiches, man erwartet nichts. Dadurch entsteht ein Raum, in dem der Andere sich so zeigen und aussprechen kann, wie er eben ist. Und dies gegenseitig und immer wieder neu. Jeder Mensch ist verschieden geprägt und durch das Zusammenkommen der einzelen „Teile" und Unterschiede in diesem sich bildenden Zwischenraum kann etwas ganz Neues entstehen. Etwas, das mehr ist als die Summe der beteiligten Teile.

Ich kann zum Beispiel durch einen Gedanken des Anderen ganz neu impulsiert und befruchtet werden, brauche ihn aber trotzdem nicht für mich als gültig annehmen, denn schließlich ist es für mich entscheidend, dass ich selber zu Erkenntnissen kommen kann. Jedoch, alles kann für mich zur Anregung werden. Dadurch entstehen für beide Seiten neue Möglichkeiten, ohne dass einer vom anderen überrumpelt oder besetzt wird. Den Anderen frei lassen, beinhaltet schließlich die Möglichkeit des Freiseins für mich selbst.

Man stellt sich einander Aufgaben und gibt Anregungen, doch eine Begegnung muss letztlich zweckfrei sein. Wenn von vorneherein Erwartungen oder Vorurteile da sind, kann keine wirkliche Begegnung stattfinden. Eine Begegnung darf nämlich nicht erzwungen oder erkauft werden. Sie entsteht spontan aus dem Augenblick durch ein feines Hören auf das, was im Anderen im Innern lebt und was oftmals gar nicht so leicht ausgedrückt werden kann.

Auch ist ein inneres Gefühl zu entwickeln, zur richtigen Zeit das richtige Wort zu sprechen. Was braucht der Andere und nicht, wie werd ich am besten meine eigene Gescheitheit oder meinen seelischen Müll und Ballast los. Für eine tiefe Begegnung bedarf es einen Prozess des Innewerdens. Wir dürfen uns ganz in den Anderen hineinfühlen und hineinleben, um seine Gedanken und Gefühle verstehen zu lernen. Und verstehen tun wir ja nicht nur mit dem Kopf. Da finden vor allem die Wahrnehmungen statt. Wirkliches Verstehen ist nur mit dem Herzen möglich, wenn dieses zu einer Wahrnehmung hinzukommen kann.

Verstehen ist eine Qualität, die mit dem Verzeihen zusammenhängt. Erst wenn ich dem Anderen seine Fehler und Unvollkommenheiten verzeihen und ihn somit ganz akzeptieren kann, fängt die Möglichkeit des Verstehens an. Und ein tiefes Verständnis entwickeln zu wollen, ist schließlich eine Grundvoraussetzung für die Liebe. Liebe, die auf einem Verständnis gründet, macht uns letztlich frei, denn sie führt zu einem Handeln, das uns in geschwisterlicher Weise miteinander verbinden und der gesamten Menschheit Hoffnungsimpulse für die Zukunft schenken kann.

In Grenzsituationen gestellt,
offenbart sich mir meine Wirklichkeit wie Staub,
zerfällt die Fassade.
Was sich mir als Felsen darbot,
ist nichts als ein Haufen Sand.
Wenn alle Täuschungen verweht sind,
mir die Wahrheit noch den Atem nimmt -
ahne ich den Sinn,
darf ich den Weg wiederfinden.

Über die Wärme des Herzens

Es ist in unserer Zeit dazu gekommen, dass wir manche Begriffe mit einem gemischten oder gar negativen Gefühl gebrauchen müssen. Was wird zum Beispiel alles mit dem Begriff „Gott" verbunden oder was wird nicht alles unter dem Begriff „Liebe" verstanden. Diese „Begriffsverwirrungen" zu erkennen ist eine wesentliche Aufgabe für die heutige Zeit.

Nicht Gott ist an unserem einfältig verstandenen Begriff von ihm schuld. Das sind wir selbst durch unsere Entfernung von ihm. Dies kann ja bis zu einer völligen Abtötung des Gottesbegriffs in unserem Erleben gehen, was letztlich bezeugt, dass wir einer objektiven Wahrheit ziemlich ferne stehen.

Wie kann nun eine Belebung solcher abgegriffenen, verunglimpften und missgedeuteten Begriffe geschehen, quasi eine Verlebendigung beziehungsweise eine Auferstehung, damit sie mit unseren inneren Erleben in Übereinstimmung kommen können?

Dazu gilt es zunächst, bestimmte Polaritäten zu betrachten, die unserem seelischen Erleben zugrunde liegen. Aus dem emotionalen und willenshaften Bereich, leiblich aus dem sogenannten Stoffwechsel-Gliedmaßensystem, können die Kräfte für eine vitale Begeisterung, zum Beispiel für eine Sache oder für ein Ideal hervorkommen und gewonnen werden. Diese Sachen, Dinge und Werte müssen wir im Denken vor unser inneres Auge stellen, also im sogenannten Vorstellungsleben. Klare, sachliche Gedan-ken haben zumeist jedoch etwas Kaltes und Formhaftes in sich. Hier gerinnt zunächst alles in den abstrakten Begriff hinein. Da kann dann erst etwas Lebensvolles erstehen, wenn ich die Kraft der Begeisterung mit meinen Gedanken verbinde. Dies bedingt einen inneren Prozess, durch den sich Hitze (Begeisterung) und Kälte (Begriffe) begegnen können. Daraus entsteht eine innere Bewegung und daraus wiederum eine Wärme. Diese ist aber nicht mehr die Hitze der Emotion, des Wunsches oder der Gier. Es ist vielmehr die Wärme, die einem lebensvollen, mit der Wirklichkeit übereinstimmenden Gedanken geschenkt wird.

Die Herzenswärme entsteht, wenn wir unsere Willensimpulse in einem Wärmecharakter im Denken wiederfinden. Um noch konkreter zu werden, wenn wir freigewählte Gedanken, zum Beispiel über Liebe, Frieden, Gerechtigkeit, Freiheit und Brüderlichkeit mit dem Herzen durchdringen wollen, wenn wir also unsere Sympathien, Begeisterungen, Begehrungen und Wünsche in die Richtung dieser selbstgewählten Gedanken senden, so entsteht in uns ein ganz neuer Raum, in diesem sich eine Begegnung, zwischen Denken und Wille, im Herzensraum ereignen kann.

Wenn die Gefühle sich nur ausleben wollen in den Sympathien und Emotionen, kann daraus nichts dauerhaftes entstehen. Gefühle bekommen erst eine Beständigkeit durch einen Denkwillen, ja es entstehen dadurch sogar ganz neue und reinere Gefühle. Aus einem lebendigen Denken, zum Beispiel über die Liebe und einem Aufnehmen dieser Gedanken mit dem Herzen, kann unser Wille neu angespornt und beflügelt werden und wir können dadurch erhoffen, selbst liebender zu werden.

Begriffe brauchen also keine abstrakten Worthülsen bleiben, so wie dies in der Fachsprache größtenteils zu beobachten ist. Darin nähert man sich allmählich dem Tod der Sprache. In der Vulgärsprache als Polarität dazu, herrscht reinste Affektivität und damit eine mangelnde Gestaltungskraft. Dazwischen kann immer wieder neu erstehend, eine Bewegung und Begegnung, ein Hören und Sprechen, also ein Gespräch sich ereignen, aktiv und passiv zugleich. Immer haben wir zwei grundlegende Pole vorgegeben, die erst in einer Wechselwirkung eine gesunde Mitte herausbilden können.

Substanz	und	Form
Chaos	und	Kosmos
Hitze	und	Kälte
Begeisterung für eine Sache, Wille (Bauch)		Vorstellung, Begriff, Denken (Kopf)

Bewegung und Begegnung,
Wärme im Fühlen (Herz)

Das Leben besteht nicht nur in einem „Entweder – Oder". In der lebensvollen Durchdringung der verschiedenen Pole, so wie dies im Urbild des Männlichen und Weiblichen zu sehen ist, vervollständigen sich die polaren Glieder zu einem Ganzen, das jetzt in einer beweglichen, nie fest fixierbaren Mitte neue Räume und Impulse ermöglicht. Die abstrakten und toten Begriffe werden im Herzen in wesenhafte, licht- und lebensvolle und damit in reale Kräfte verwandelt. Dieser Vorgang kann im Ansatz mit der sogenannten Auferstehung im Christlichen zusammen gesehen werden, nämlich als ein fortwährendes und immer wieder neu zu erringendes und ichhaft gewolltes Verwandlungsgeschehen. Dieses prozessuale Geschehen entspricht letztlich auch dem Wesen im künstlerischen Schaffen und Kreieren.

Jedes Starrwerden in den Vorstellungen führt in die Kälte und irgendwann einmal in den Tod. Jede ungelenke Euphorie führt dagegen zum hitzigen Versprühen der Lebenskräfte, sogar bis in den Fanatismus hinein. Im bewusst vollzogenen Erkenntnisprozess, der von einem warmen Interesse für die Umgebung, ja, für die ganze Welt begleitet wird, erwächst mit der Zeit ein Verstehen, das uns immer stärker zur Kraft der Liebe hinführen will. Und die Liebe des Herzens ist es ja, die uns schließlich sehend macht für das eigentliche, das innere Wesen des Anderen.

„Man sieht nur mit dem Herzen gut"

Antoine de Saint-Exupery

Schauen wir mit den Augen der Liebe in die Welt, so werden wir darin überall Schönes entdecken können. Dadurch sehen und erkennen wir die Schöpfermächte in ihrem ursprünglichen Wirken. Was aus und mit Liebe geschaffen wird, ist schön und auch gut.

„Nur durch das Morgenland des Schönen
dringst du in der Erkenntnis Land".

Friedrich Schiller

Quellen der Kraft (Teil 2)

Manche Schriften können wir nicht lesen,
wir müssen sie erklingen lassen

Als letzten Quell möchte ich die individuelle Begegnung beziehungsweise die ichhafte Verbindung mit der geistigen Welt erwähnen. Im vorherigen Artikel zu diesem Thema wurde die Ich-Kraft als eine Kindheitskraft beschrieben. Zwischen Vernunft, Ordnung und der freien Hingabe an das Leben, spielerisch vermittelnd und ausgleichend, wirkt das schöpferische Kindprinzip.

Nun möchte ich den Blick zunächst auf die vielen Madonnenbilder lenken, die in der christlichen Geistesgeschichte gemalt wurden. Jeder heutige Zeitgenosse kennt bestimmt einige Versionen davon. Was war und ist das Anziehende an ihnen? Eine geschichtliche oder dokumentarische Darstellung alleine wohl nicht.

Ist nicht im Bild der Madonna die menschliche Seele selbst dargestellt und von ihr als Kind getragen, beschützt und geborgen, das wachsende, keimende Ich in uns Menschen selbst?

Diese Mutter - Kind Thematik wird ja auch in den großartigen und zuweilen befremdlichen Bildern in der Apokalypse des Johannes aufgezeigt.

Wenn ich mein eigenes Leben betrachte, bemerke ich ganz gut, wie sich mein Ich erst langsam von der Kindheit an entwickeln musste und erst nach und nach auf eigenen „Beinen" stehen und gehen lernt. Dieses Ich ist reine Tätigkeit und Aufmerksamkeit, es ist quasi ein aktives und selbstständiges Abbild unserer eigentlichen höheren Wesenheit. Dieses Ich kann sich bekanntermaßen in allerlei irdischen, leidenschaftlichen und begierdehaften Wünschen und Trieben verstricken und sich dadurch von den harmonischen, kosmischen Daseinsbedingungen und Ebenen entfremden und absondern. Das deutsche Wort Sünde entstammt dem Wort: Sonderung. Der Mensch, der sich von allem Höheren aussonderte, kann sich jedoch in freier Entscheidung den Impuls geben, dass er sich als individuelles und geistiges Wesen erkennen will und sich gleichsam selbst durch einen bewussten Willensakt eine eigene Existenz gibt und sich in diesem „Ich bin" ganz neu erfahren lernt. Das ermöglicht, mich als tätiges Wesen erst selbst zu setzen, zu erkennen und zu bestimmen. Und dies nicht nur als eine seelische Eigenheit, sondern als eine geistige, unzerstörbare Wesenheit und Entelechie. Diese Ich-Tätigkeit kann sogar eine selbstlose sein.

Selbstlos nicht im Sinne einer Selbstaufgabe verstanden, sondern als Interesse für die Belange und Ziele der Menschheits- und der Weltentwicklung. In christlicher Symbolik wird dieser Sachverhalt als ein Gralsgeheimnis dargestellt. Sich in seinem innersten Wesen zu öffnen, zur Gralsschale sich bildend, in freier und selbstloser Hingabe das Wesen empfangend, im Bild der Taube, das alle Wesen verbindet und eint und das erst unser Ich mit dem wahren und ewigen Sein, mit der Substanz erfüllt, die im Christentum als das Blut Christi, als unser wahres, höheres Selbst, nämlich als der Christus in uns bezeichnet wird. Diese Substanz ist reine Liebe. Sie ermöglicht erst wirklich, unser Leben und unsere Seele ganz zu durchdringen und uns erneut mit dem Urgrund der Welt und zwar als freie, bewusste und mündige Individualitäten zu verbinden. Das eigene Blut zu durchchristen, im Bild des Weines, heißt dann, zum Christusträger in seinem Innersten zu werden.

Die Christuswesenheit offenbart sich im Menschen aber nicht nur in der Verwandlung (Transsubstanziation) des Blutes; auch das Leibliche, das Stoffliche wird in seiner Formgestalt mit den kosmischen Urbildkräften wieder vereint, so dass daraus eine Verjüngung und Erneuerung, als schöpferisch-gestaltende Kraft, in Mensch und Erde einziehen kann. Diese Kraft ist das schaffende Wort, der Logos. Und dies wird vor allem geschehen, wenn sich Menschengemeinschaften bilden, die sich in freier und geschwisterlicher Weise zusammenschließen. „Wo zwei oder drei in meinem Namen versammelt sind, da will ich mitten unter ihnen sein".

Die Menschengemeinschaft kann hier sogar als der Leib Christi, im Bilde des Brotes, verstanden werden. In solch spirituell ausgerichteten Gemeinschaften werden Kräfte bis in das menschliche Ich einströmen, die den Einzelnen in seiner persönlichen Entfaltung befruchten und bestärken und ihn in einer neuen Weise mit seinen Mitmenschen, gleichberechtigt und in liebevoller Zuneigung, verbindet und zuguterletzt auch heilende und verwandelnde Impulse für die Arbeit mit und an der Erde spenden kann.

So können wir hoffen, mit der Christusliebe unsere Erde und damit auch uns selbst durch den herannahenden Tod hindurchführen zu können. Ein Erkennen und Überwinden der niederziehenden und zerstörenden Todeskräfte durch eine reine und selbstlose Liebe ist und macht erst eine menschlichere Zukunft möglich. Ein Weg, Zugang zu diesem Quell zu finden, ist zweifellos das Gebet und die Meditation. Diese geistigen Gaben werden sogar selbst zum Quell, denn der Weg beinhaltet in jedem Moment auch schon das Ziel, nämlich den Christus, als das Ziel und den Sinn der Erde. „Ich bin bei euch, bis an das Ende aller Zeitenläufe".

Die Meditation erlaubt, dass wir alles gelassen anhören können. Mit geduldigem Ausharren lösen sich auch schwierige Verwicklungen, weil mit der stillen Empfänglichkeit wahre Geisteskraft hereindringt.

„Ich höre Gedanken, die ich seit Jahren in mir bewege und immer mehr zu einem Traum erklärt habe. Auf dem Weg zu einem materialistischen, realistischen und wirtschaftlichen Sicherheitsdenken verliere ich oftmals die Mitte und so wird die Verbindung nach „Oben" immer schwächer. Doch spüre ich auch die Kraft der gemeinsamen Gedanken und das Sehnen nach einem gemeinsamen Weg.

Ein Samenkorn keimt und dringt dorthin, wo es Licht und Wärme spürt. Es erwartet in Ergebenheit und frei von Angst den morgigen Tag, um die bevorstehende Schwelle zu überwinden.

Die Pflanze verbindet das Oben und Unten, Licht und Dunkel, Geben und Nehmen. Die zu bildende Gemeinschaft ist wie ein Samenkorn, das die Kraft der Notwendigkeit zum keimen bringt und die Kraft der gemeinsamen Gedanken zum Licht hinführen wird. Das Leben hat nur auf diesem Weg die Möglichkeit, reichhaltige Früchte zu tragen".

Dieter M.

Kapitel 3: Verwandeln

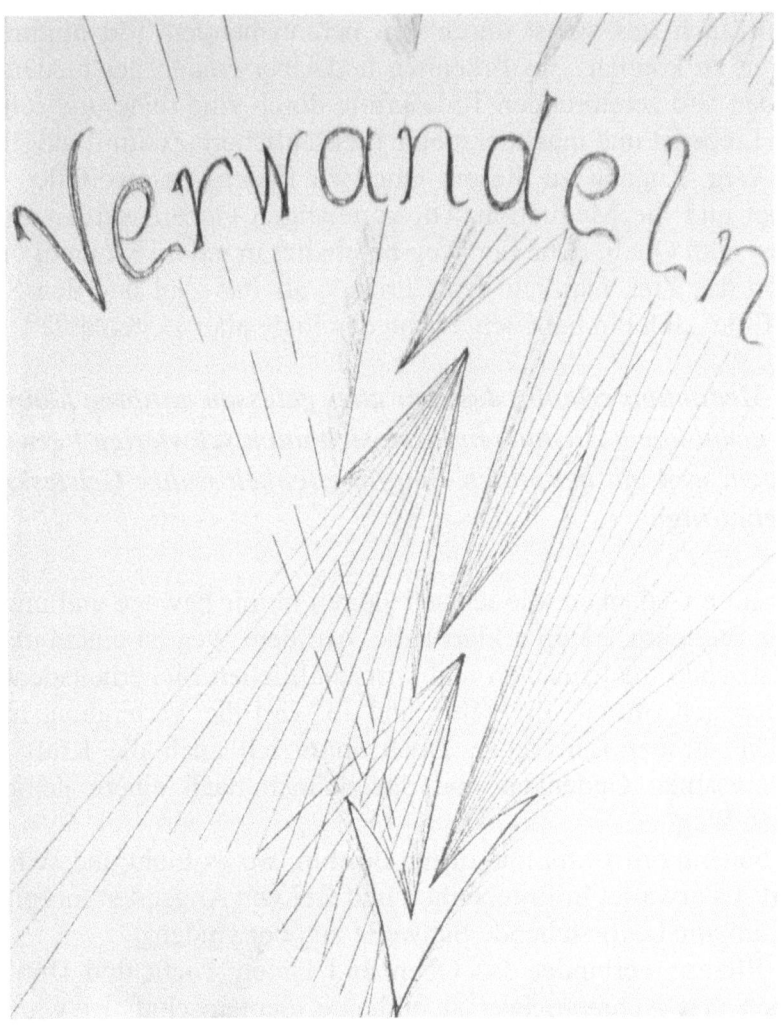

Durch die Liebe zur Tat

„Es bedarf der Mensch der inneren Treue;
der Treue zu der Führung der geistigen Welten.
Er kann auf dieser Treue auferbauen
sein ewiges Sein und Wesen
und das Sinnessein dadurch
mit ewigem Licht
durchströmen und durchkraften".

Rudolf Steiner

Einleitung

In diesem Kapitel wird der Versuch unternommen, die Ideen und Motive aus den vorigen Abschnitten konkreter werden zu lassen. Das erste Kapitel: Mitten hindurch – Vom Weg der Erkenntnis zum Leben, hatte in groben Zügen die Grundideen und damit das „Was wollen wir" behandelt. Im Kapitel: Miteinander – Vom lebensvollen Verständnis zur Liebe, ging es darum, die Frage zu erörtern, aus welchen Gründen und warum wir gemeinsam zur Tat und damit zur Gründung eines Gemeinschaftsprojektes schreiten wollen. Auch ist darauf eingegangen worden, welche Fähigkeiten wir miteinander üben müssen, um gemeinschaftsfähig werden zu können.

Wie im Titel dieses Kapitels ausgesagt, geht es jetzt darum, von der Liebe zur Tat zu schreiten. Damit ist vor allem auch das „Wie" zu klären, frei nach dem Motto von Goethe: „Das Was bedenke, mehr das Wie".

Sachliche Fragen, wie die der Finanzierung geeigneter Räumlichkeiten, der Umgang mit Kapital und Geld, Konzepte zu den einzelnen Initiativen und die rechtlichen Strukturen der Gemeinschaft sind zu klären. Dadurch wird der Weg vollendet von der Idee beziehungsweise von der inneren Substanz, die in jedem Beteiligten in allgemeiner, zumeist undifferenzierter Weise vorliegt, oftmals zunächst als ein Wunsch und Bedürfnis unklar erahnend, bis zum innerlichen Bewegen dieser Wünsche und Gedanken und einem gegenseitigen Austausch in der Phase der Gemeinschaftsbildung. Daraus wird nun der Weg frei für eine Gestalt und Form, in der sich die anfänglichen Impulse manifestieren wollen.

Doch gilt es vorneweg zu sagen, dass eine Form nie entgültig werden dürfte, sonst gerät das ganze „Korsett" sehr leicht in eine Erstarrung und damit in den Tod hinein. Somit können die folgenden Artikel nur wieder als Etappen auf unserem Wege bezeichnet werden. Eine Offenheit für neue Impulse zu bewahren, Bestehendes auch wieder in Frage stellen können, das heißt dann auch, innerlich in der Gemeinschaft in Bewegung zu bleiben.

Der Ausspruch: „Von der Liebe zur Tat" beinhaltet die Erkenntnis und den Willen, immer mehr aus unserer Mitte, aus dem Herzen heraus zu handeln. So nur kann ein Verwandeln des eigenen Menschlichen und damit der Welt stattfinden, entsprechend dem nachfolgenden Spruch:

Wenn ein Mensch den anderen erkennt, nur um des Erkennens, nicht um der Liebe willen, so entwürdigt er den anderen Menschen, er entwürdigt auch das Erkennen, und vor allem entwürdigt er sich selbst, denn das, was durch ihn am anderen Menschen geschieht, nämlich, dass bloß Eigenschaften festgestellt werden, das kann inzwischen auch durch ein technisches Gerät geleistet werden.

Um die obigen Gedanken zusammen zu fassen, sei hier ein kurzer Ausschnitt von Rudolf Steiner aus seinem Buch: „Die Geheimwissenschaft im Umriss" zitiert. Es wird darin ausgedrückt, dass der jetzige Erdzustand dasjenige enthält, was sich aus früheren planetarischen Zuständen herausentwickelt hat:

„Der Erdenmensch findet „Weisheit" in den Vorgängen, welche sich um ihn herum abspielen. Diese Weisheit ist darinnen als Ergebnis dessen, was vorher geschehen war. Die Erde ist nun der Beginn einer Entwicklung, durch welche eine neue Kraft in diese

Weisheit eingefügt wird. Sie bringt den Menschen dahin, sich als ein selbstständiges Glied einer geistigen Welt zu fühlen. Es ist dies die Kraft der Liebe. Im Menschen muss diese Kraft der Liebe ihren Anfang nehmen. Und der „Kosmos der Weisheit" entwickelt sich in einen „Kosmos der Liebe" hinein. Aus alledem, was das „Ich" in sich entfalten kann, soll Liebe werden.

Als das umfassende „Vorbild der Liebe" stellt sich bei seiner Offenbarung das hohe Sonnenwesen dar, welches Christus genannt wird. In das Innerste des menschlichen Wesenskerns ist damit der Keim der Liebe gesenkt. Und von da aus soll er in die ganze Entwicklung einströmen.

Wie sich die vorher gebildete Weisheit in den Kräften der sinnlichen Außenwelt der Erde, in den gegenwärtigen „Naturkräften" offenbart, so wird sich in Zukunft die Liebe selbst in allen Erscheinungen als neue Naturkraft offenbaren.

Das ist das Geheimnis aller Entwicklung in die Zukunft hinein: dass die Erkenntnis, dass auch alles, was der Mensch vollbringt aus dem wahren Verständnis der Entwicklung heraus, eine Aussaat ist, die als Liebe reifen muss. Und so viel als Kraft der Liebe entsteht, so viel Schöpferisches wird für die Zukunft geleistet. Geistige Erkenntnis wandelt sich durch das, was sie ist, in Liebe um.

Die „Weisheit der Außenwelt" wird, von dem Erdenzustande an, innere Weisheit im Menschen. Und wenn sie da verinnerlicht ist, wird sie Keim der Liebe. Weisheit ist die Vorbedingung der Liebe, Liebe ist das Ergebnis der im „Ich" wiedergeborenen Weisheit".

Rudolf Steiner

„Welche Religion ich bekenne: Keine von allen, die du mir nennst.
Und warum keine? - aus Religion".

Friedrich Schiller

Im folgenden Abschnitt werden die Impulse und Gedanken zusammengefasst, die sich aus der damaligen gemeinsamen Arbeit ergeben haben. Wenn diese auch der Vergangenheit angehören, so können sie für zukünftige Entwicklungen des Gemeinschaftslebens immer noch anregend und nützlich sein. Die weitere Schreibweise wird daher zumeist die Gegenwartsform beibehalten, da geistige Ideen und Impulse nicht wirklich altern.

Im Verein Perceval haben sich Menschen zusammengefunden, die in den verschiedensten Gebieten einen eigenen Beitrag zur Verbesserung unserer Lebensgrundlagen leisten wollen.
Im Umgang mit der Natur soll versucht werden, erkennend in ihre Zusammenhänge einzudringen, damit ein verantwortungsvolles, ökologisch verträgliches Miteinander entstehen kann.
Energie- und Wasserversorgung, Landschafts-Gestaltung und -Pflege seien hier vordergründig genannt.
Im Umgang mit den Mitmenschen wird im Rahmen einer Begegnungsstätte durch Gesprächskreise und durch künstlerische Entfaltungsmöglichkeiten versucht, eine Verbindung zum eigenen Inneren wiederzufinden, um mit einem neuen Selbstvertrauen und Selbstbewusstsein die entstandenen Schwierigkeiten in unserem Leben besser bewältigen zu können.
Eine Lebens- und Arbeitsgemeinschaft bietet Menschen, die mit ihren Problemen alleine nicht mehr fertig werden, Stützen und Hilfen an. In verschiedenen Arbeitsbereichen wie Imkerei, Garten und Dienstleistungsbetrieb kann ein neuer gesellschaftlicher Bezug gefunden werden.
Zudem soll eine Schulungsstätte entstehen, die in künstlerischen und geisteswissenschaftlichen Veranstaltungen etwas zum Verständnis unserer Zeit und der unserer Nachkommen beitragen will.
Die wirtschaftlichen Grundlagen werden durch Beiträge, Spenden und durch eigene Dienstleistungstätigkeit erworben.

Wenn man die Liebe zum Nächsten verliert, so verliert man sich selbst.

Zur inneren Struktur der Gemeinschaft

Auf der Suche nach neuen Gemeinschafts- und Rechtsformen geraten wir recht bald an gewisse Grenzen, weil heutzutage zumeist sehr unterschiedliche Persönlichleiten und Interessen zusammenkommen, so dass ein gemeinsames Weiterschreiten an manchen Punkten nahezu unmöglich wird.

Die anfängliche Begeisterung schwindet und die Gruppe hat ihre erste größere Bewährung durchzustehen. Ein Auseinanderbrechen des Anfangs-Impulses oder ein Zurückfallen in alte Lebensformen soll ja verhindert werden. Da gilt es nun, ganz neue Strukturen zu finden und zwar, in dem wir zunächst den einzelnen Interessen nachspüren und dabei versuchen, selbst in gegensätzlichen Standpunkten etwas Gemeinsames zu finden.

Unsere Gemeinschaft hatte sich damals als ein eingetragener Verein formiert, damit sollte aber nicht beabsichtigt werden, eine „Vereinsmeierei" zu betreiben. Genauso hätten wir eine Genossenschaft, Stiftung oder GbR gründen können, wenn dies rechtlich oder wirtschaftlich günstiger für unsere Belange gwesen wäre. Der Verein war für uns eine formale Notwendigkeit für die rechtliche Integration in unsere Gesellschaft. Um jedoch lose Zusammenkünfte oder Gesprächsgruppen zu etablieren, bräuchten wir diesen nicht.

Was ist an konkreten Interessen und Initiativen vorhanden und welche Strukturen können sich daraus ergeben?

Da gibt es auf der einen Seite die Menschen, die initiativ sind, das heißt, die selbstgefasste Ziele verwirklichen wollen. Jede Initiativgruppe, die sich gegründet hat, gibt sich ihr eigenes Ziel und vetritt es in freier und unabhängiger Weise vom Verein. Nach dem soziologischen Grundgesetz hat der Verein (Verband) dafür Sorge zu tragen, dass die Einzelnen ihre Fähigkeiten und Ziele in den Initiativen verwirklichen können. Daher haben „passive" Mitglieder und Außenstehende hier nur eine beratende Funktion und kein Stimmrecht. Auch muss in den Initiativkreisen die Möglichkeit eines Ausschlusses eines Initiativmitgliedes bestehen können, wenn dieses die Arbeitszusammenhänge negativ beeinträchtigt.

Aus Mitgliedern der einzelnen Initiativen setzt sich der Vorstand der Gemeinschaft zusammen, der den Verein nach außen vertritt und Rechenschaft gegenüber den Mitgliedern abgibt und von diesen auch für eine bestimmte Zeit gewählt wird.

Nun ist aber das aktive Mitglied in einer Initiative nach dem sozialen Hauptgesetz mit dem Gedanken verbunden, die Erträgnisse aus seinen Leistungen nicht für sich selbst in Anspruch zu nehmen, sondern diese der Gemeinschaft zugute kommen zu lassen und er sein Einkommen von der Gemeinschaft bezieht.

Dadurch wird die Freiheit und Initiativkraft jedes Einzelnen erhalten, der die Verantwortung und die Haftung für sein Arbeiten auf sich nimmt. Die Verbundenheit mit der Gemeinschaft wird durch sein uneigennütziges Tun erreicht, da er eben von seinen Einnahmen abgibt, so dass also keiner mehr nur noch für sich selbst arbeitet.

Das Entscheidende ist hier nicht der Inhalt, also das, wofür und was getan und gearbeitet wird, denn diesen Inhalt kann sich jedes Mitglied selbst geben, sondern die Form, wie wir uns miteinander verbinden wollen. Das Zielstrebige und Wirtschaftliche in den Initiativen ist die eine Seite der Gemeinschaft. Wer da hinzukommen möchte, hat sich mit den Zielen der Initiativen zu verbinden. Neue Initiativen können nur in Übereinstimmung mit den bisher zugrundeliegenden Zielen aufgenommen werden.

So wie nun in den Initiativkreisen ein freies Arbeiten möglich ist, so können sich die Mitglieder als ein Ganzes in freier Weise strukturieren und organisieren, sind dabei aber niemandem eine Verpflichtung oder Verantwortung schuldig. In diesem Bereich besteht kein festes Ziel, wie in den Initiativgruppen, sonst hätte man wieder nur eine Gesellschaft, die von oben her durch eine übergeordnete Weltanschauung oder Ideologie die Richtung vorbestimmt. Dadurch kann erst der Bereich eines freien Geisteslebens entstehen. Die teilnehmenden Mitglieder bestimmen selbst, an wen sie sich wenden und was sie sich erarbeiten wollen, zum Beispiel in Fragen der geistigen Schulung und der Gemeinschaftsbildung, zumeist an die Fähigsten in dem gewählten Fachgebiet. Es entsteht somit eine Hierarchie von unten. Die Freiheit der Lehrenden besteht dann darin, Bedingungen verlangen zu können, wie sie ihr Inhaltliches am besten darstellen können. Die Inhalte und die Lehrer bestimmen die in solchen Gesprächs- und Studienkreisen Teilnehmenden folglich selbst, wenn sie sich geistigen und kulturellen Aufgaben zuwenden wollen,.

Nun gibt es noch eine Interessengruppe im Gemeinschaftsleben, die unabhängig von den beiden vorher genannten ist, die sich jedoch aus Mitgliedern beider zusammensetzen kann. Dieser Kreis entsteht aus dem Bedrüfnis nach Begegnung. Jeder ist hier dem anderen gleich, ob er etwas Berechtigtes in der inhaltlichen oder praktischen Arbeit findet oder auch nicht. Es ist dies die Sphäre des Zwischenmenschlichen beziehungsweise des sogenannten Rechtslebens.

Gerade wenn wir eine Lebensgemeinschaft gründen wollen, ist auf diesen Bereich eine besondere Aufmerksamkeit zu lenken. Oftmals kommt im Umgang mit den vielen notwendigen, praktischen und geistigen Aufgaben dieser Bereich zu kurz. Es ist daher sehr zu begrüßen, dass ein Forum „Lebensgemeinschaft" gegründet wurde, wo keine Sachzwänge nötigen und wir einen Freiraum zur Verfügung haben für eben dies, was im persönlichen und zwischenmenschlichen Bereich sich alles angesammelt hat.

Es ist, insgesamt gesehen, eine Struktur nach den Grundlinien der Sozialen Dreigliederung entstanden. Näheres dazu ist in meinen beiden Büchern zur Sozialen Dreigliederung nachzulesen.

Der ganze Mensch mit seinem Denken, Fühlen und Wollen kann sich in dieser Dreigliederung wiederfinden. Das Übergeordnete, Verbindende und Durchdringende dieser drei Glieder und damit auch die Ich-Tätigkeit jedes Einzelnen, erwächst im Wahrnehmen und Erleben der geistigen Strömung, in der sich eine spirituell ausgerichtete Gemeinschaft bewegt, die ihre Berechtigung und Wirkenskraft aus der historischen Entwicklung und aus der Zeitnotwendigkeit eines gewandelten Bewusstseins und einer zukunftsgerichteten Menschenliebe erhält. In solch einer geistigen Strömung wurzelt auch die Dreigliederungs-Idee.

Aus dieser umfassenden geistigen Strömung kann jeder die Kräfte für sein individuelles Tätigsein erlangen. In welchem Bereich er nun mitwirken will, je nach seinen Bedürfnissen und Fähigkeiten, muss er frei entscheiden. Wer in dieser geistigen Strömung etwas Berechtigtes findet, kann Mitglied werden, ungeachtet seines Standes, seiner Vorkenntnisse oder seiner Person, das heißt seines Alters, Geschlechts, der Religion und Nationalität.

Über die geistige Strömung, die hier zugrundeliegt, müsste sich aber jeder selbst ein Bild machen. Inwieweit die Impulse daraus in der Praxis verwirklicht werden, hängt von unserem Engagement und von der Liebe zur Sache beziehungsweise zum geistigen Inhalt ab. Die Liebe und die Wahrheit miteinander verbinden, schenkt erst die Möglichkeit, positiv und gesundend für das Ganze wirken zu können, in einer Sphäre der Toleranz und in einem gegenseitigen Interesse auf der Grundlage echter Menschen-, Selbst- und Welt-Erkenntnis.

Eine Tat, die nicht aus Liebe getan wird, ist sinnlos, und wenn sie noch so zweckvoll ist.

Gruppenbildung – Gruppenleben

Begegnen sich einige Menschen, die ein gemeinsames Interesse zu ihrem Mittelpunkt gewählt haben, so nennt man diese eine Gruppe. Deren Inhalte können jedoch verschiedene Charaktere annehmen, so dass man auch bestimmte Gruppenbildungen differenzieren und einordnen kann, weil sich daraus verschiedene Gesetzmäßigkeiten und Anwendungsmöglichkeiten ergeben.

Zuallererst wird sich wohl eine Studiengruppe ergeben, wenn man von den vielen Freizeitgruppen einmal absieht. Man trifft sich, um an einem gemeinsamen Thema zu arbeiten. Gerade in der Gemeinschaft können sich da für jeden Einzelnen neue Möglichkeiten ergeben, da jeder Teilnehmer seinen eigenen Standpunkt mitbringt und die Sache oder das Thema von verschiedenen Seiten angeblickt werden kann und sich somit ein vollständigeres Bild ergibt. Für den Einzelnen ergeben sich daraus Entwicklungsmöglichkeiten, weil er bestimmte Fähigkeiten entwickeln muss, um sich in den gedanklichen Inhalten der anderen Teilnehmer mitzubewegen und diese dadurch als eigenständige Persönlichkeiten besser wahrnehmen lernt. Es ergibt sich daraus ein innerer Weg, durch den sich verschiedene Eigenschaften erwerben lassen. Diese sind, hier nur in Stichworten aufgezählt, die Tugenden des sogenannten achtgliedrigen Pfades, nämlich: die richtige Vorstellung (Meinung), das richtige Urteil, das richtige Wort, das richtige Gedächtnis, der richtige Standpunkt, das richtige Ziel, die richtige Handlungsweise und die richtige Überschau. Dieser Schulungs-Pfad führt zur Erlangung des richtigen Gleichgewichtes zwischen Mensch und Welt.

Die Gefahr einer solchen Gruppe liegt darin, dass die Teilnehmer sich herrlich an geistigen Gedanken und Welten aufbauen und ergötzen können, sie die Früchte einer solchen Arbeit aber nicht wirklich in das soziale Leben einfließen lassen.

Als Weiteres finden wir Gruppen, die sich dem zwischenmenschlichen Bereich widmen, sei es in der Freizeitgestaltung oder im Zusammenleben. Hier müsste vor allem gelten, jedes einzelne Mitglied voll und gleichberechtigt teilnehmen zu lassen. Es entsteht nur dann eine wirkliche Gemeinschaft, wenn man auf die Schwächsten und Langsamsten genauso Rücksicht nimmt, wie auf die, die gerne vorauseilen wollen. Ansonsten können recht leicht gewisse Zwistigkeiten und Abhängigkeiten entstehen. Wenn jedes Mitglied ein Bewusstsein für die Anderen entwickelt, im Sinne des Mottos einer Sozial-Ethik, kann dieser Gefahr Vorschub geleistet werden. „Heilsam ist nur, wenn im Spiegel der Einzelseele sich bildet die ganze Gemeinschaft und in der Gemeinschaft lebet der Einzelseele Kraft". (Rudolf Steiner)

Jedoch treten uns im und durch den Anderen zuweilen einige unbewältigte Eigenschaften aus Erziehung und der Lebensgeschichte entgegen. Alle sind wir doch geprägt aus der Vergangenheit und können uns davon nicht so leicht lösen. Da bietet gerade die soziale Gruppe reichhaltige Möglichkeiten, durch diese Schatten- und Doppelgängerkräfte hindurchzuschauen, um allmählich das eigentliche, das innere Wesen und Ich erfahren zu dürfen.

Kurz zusammengefasst erfordert dieser Übungsweg:
- die Wahrnehmung und die Kontrolle der Gedanken,
- sowie der Gefühle, des Willens und der Handlungen,
- Ausdauer, Geduld und Gelassenheit,
- Toleranz, Positivität und Objektivität,
- Unbefangenheit und Unvoreingenommenheit.

Als Frucht dieses Pfades, der ein durchaus christlicher ist, ergibt sich eine ruhiger Gleichmut.

Es muss Stille im Herzen einkehren, wenn man einen anderen Menschen wirklich verstehen will. Es ist dies der spirituelle Weg für den modernen Menschen.

Als dritter Gruppen-Typ erscheint die Initiativ- oder Arbeitsgruppe. Es geht hier um die Verwirklichung einer Idee oder eines Ideals. Zwar muss sich im Erüben sozialer Fähigkeiten und durch ein gemeinsames Studium der fachlichen Eignungen eine solche Gruppe erst bilden können, wenn die Ideen und Ideale daraus auch in die Praxis umgesetzt werden sollen. Die Richtung ist hier also auf die Zukunft gestimmt. Man erschafft darin immer auch ein neues Karma. In selbstgewählten Initiativen herrscht nämlich kein schicksalhafter Zwang. Dadurch kann sich die Gruppe in Freiheit und Solidarität füreinander, sogar zu einem Organ der geistigen Welt heranbilden. Und dies vor allem, wenn sie bestrebt ist, das zu entwickeln, was der geistige Wesenskern jedes Mitwirkenden verlangt oder einbringen möchte. Die Gruppe kann dabei lernen, aus der Intuition heraus zu handeln.

Jeder Einzelne steht hier jedoch selbstständig in der Gruppe. Durch die Aktivität seines Ichs und seiner Selbstbestimmung und nicht so sehr durch emotionale Wünsche, baut hier der Mensch an der Zukunft mit, in dem er neues Karma ausbildet. In der Studiengruppe offenbart sich durch die Fähigkeiten der Einzelnen zumeist noch ein altes Karma. In der sozialen Gruppe wird dieses alte Karma, oftmals unter schwierigen Konflikten, geordnet und in den

Willensimpulsen der Initiativgruppe wird neues Karma gebildet.

Wie die erste Gruppe mehr im Denken, die zweite mehr im Fühlen, so lebt die dritte Gruppe vor allem im Wollen.

Dieser Willenspfad kann ein Schulungsweg sein, der folgende Eigenschaften verlangt:

- Kontrolle der Sinneswahrnehmungen (unbewusst aufgenommene Sinneseindrücke wirken auf das Willensleben und schwächen es, zum Beispiel durch Werbung).
- Kontrolle der Ahnungen und Stimmungen, des Phantasierens und der Sehnsüchte, (woher kommen sie?).
- Anlegen eines seelischen Panzers gegen unbewusste Wahrnehmungen und Eindrücke.
- Vermeiden, Dinge ohne Nachdenken hinzunehmen.
- Strenge Selbstzucht (jeder Mensch hat negative Eigenschaften. Wenn diese ständig in die Gruppe einwirken, kann das die Arbeit für ein übergeordnetes Ziel beeinträchtigen).

Zusammenfassend können wir sagen, dass jeder sich doch entscheiden muss, in welchem Gruppen-Typ er mitwirken möchte, ansonsten entstehen sehr leicht Missverständnisse, weil man vielleicht etwas ganz anderes erwartet hat.

Dieses dargestellte Schema trägt nur einen Grundcharakter, in der Praxis werden sich oftmals Überschneidungen ergeben. Doch soll auch betont werden, wenn man initiativ oder sozial tätig werden will, es eine Vorbedingung ist, sich im Geistigen auf etwas Gemeinsames, auf geistige Inhalte einzustimmen, sonst führt es dazu, dass wir unsere Taten nicht auf Erkenntissen und Idealen gründen, was auf Dauer gesehen in eine andere, zumeist in eine einseitig materialistische Richtung führen wird.

„Jede Idee, die dir nicht zum Ideal wird, ertötet in deiner Seele eine Kraft; jede Idee, die aber zum Ideal wird, erschafft in dir Lebenskräfte".

Rudolf Steiner

Vom Umgang mit dem Geld

Geld als Ausdruck eines sozialen Miteinanders bedarf eines gänzlich anderen Umgang damit, als dies heute der Fall ist. Dabei soll es aus dem persönlichen Bereich der Raffgier und des Machtmissbrauchs in den Dienst für die Allgemeinhaeit gestellt werden. Dazu bedarf es vor allem gewisser Kapitalneutralisierungen, was hauptsächlich für die Immobilien und Arbeitsmittel innerhalb der Gemeinschaft zutreffen soll. Denn das Kapital soll für die Entfaltung der Fähigkeiten einzelner Mitglieder und für deren reale Bedürfnisse dienen.

Da das Kapital letztlich aus dem Bereich menschlicher Kreativität, also aus dem geistigen Vermögen des Menschen entspringt, muss es auch wieder für diesen verwendet werden. Das heißt, was an freiem Potential an Geldmitteln durch die Wirtschaft erarbeitet wurde, kann der Entwicklung neuer Kreativität in Kultur, Bildung und Erziehung zugute kommen. Denn was an schöpferischen Fähigkeiten in der Menschheit lebt, ist ja das eigentliche Kapital, auf dem ein wirklicher Fortschritt beruht.

Im Umgang mit dem Geld ist vor allem auch ein bewusstes Nachvollziehen der Kreisläufe notwendig, da es sich sonst verselbstständigt und in dubiosen, intransparenten Kanälen eigene, zumeist sehr einseitige und an Egoismen gebundene Wege sucht. Gerade wenn wir etwas Neues und Fortschrittliches gründen wollen, ist es wichtig zu wissen, woher das Geld kommt. Mit einem Kredit von wohlgesonnenen Menschen lässt sich anders umgehen, als mit üblichen Bankkrediten, wo das Geld zum Teil aus zweifelhaften und undurchsichtigen Verbindungen stammt. Daran beteiligen sich viele gutmeinende Menschen, ohne ein richtiges Bewusstein von den Geldströmen, mit so manchen zwielichtigen Geldgeschäften, zu haben, die heutzutage die Welt umkreisen.

Wenn Waren produziert und verkauft werden, ist in einer sozialen und menschlichen Weise auf die Bedürfnisse der Käufer, Produzenten und Händler zu achten, so dass der Geldverkehr ein Ausdruck der „Brüderlichkeit" den Mitmenschen und durch ein vernünftiges und nachhaltiges Produzieren endlich auch der Erde gegenüber ist.

Grund und Boden, Arbeitsmittel und Immobilien werden aus dem Bereich des Einzelbesitzes in die Gemeinschaft überführt beziehungsweise von dieser verwaltet, die damit den einzelnen Mitgliedern und Initiativen entsprechende Wohn- und Arbeitsstätten bieten kann und damit einem überwuchernden Spekulieren seitens mancher Geldanleger und Investoren vorbeugt. Das heißt aber nicht, es dürfte keinen Privatbesitz mehr geben. Jedem Menschen sollte ein gleicher Anteil am öffentlichen Grund und Boden zustehen. Dass manche sich diesen im Übermaß aneignen, gleicht schon einem gewissen Räubertum. Gerade die Spekulation mit dem Boden und mit Fabriken, macht die Reichen immer noch reicher. Boden und Arbeitsstätten gehören in die „Hände", die damit arbeiten wollen, folglich nicht den Aktionären und Reichen, die doch nur immer noch mehr Geld und Renditen herausziehen wollen. Diese müssten dann wohl oder übel Rückführungen in das Geistesleben tätigen, da die Reichen und Oligarchen ihr überschüssiges Geld doch nicht alles für sich selbst verbrauchen können und es wäre so auch einem Machtmissbrauch durch das Geld Vorschub geleistet. Heute sind ja viele Regierungen von den großen Finanzinvestoren abhängig, ein demokratisches Prinzip wird dadurch vereitelt.

Ein neuer Umgang mit dem Geld setzt also ein neues Bewusstsein voraus und dies im Großen, im gesellschaftlichen Leben, wie auch in der kleinen Gemeinschaft, die alternative Wege sucht, damit das Geld seinen ursprünglichen Charakter als eine soziale und vitale Kraft erhalten kann. Denn mit einem neuen Bewusstsein könnte das Geld tatsächlich zu einem sozialen Faktor werden, das heißt, es wird in einem christlichen Geist verwendet und könnte so unsere Gesellschaft gesunden helfen.

Für reiche Leute gibt es ein Geschenk, das sie erst erfahren können, wenn sie nicht mehr nur reich sind, das heißt, wenn sie bereit sind mehr zu geben - und das ist die Liebe.

Es folgt ein Beitrag aus dem Buch: Vom Umgang mit der Macht des Geldes, von Anton Kimpfler, auf das ich hier gerne hinweise, weil darin einige grundlegenden Gedanken für ein neues Bewusstsein zum Thema Geld und Gemeinschaft in sehr prägnander Weise aufzeigt werden:

„Was die jetzigen Machtstrukturen der Gesellschaft stabilisiert und ausweitet, das ist grundsätzlich leichter zu finanzieren, obwohl die Interessen der überwiegenden Zahl von Menschen in ganz anderer Richtung verlaufen. Doch interessieren sie sich nicht genug für die Geldverhältnisse. Erst wenn dieser Mangel behoben wird und die Kultur tiefere Bedürfnisse anspricht, kann sich eine bessere Unterstützung alternativer Methoden ergeben. Diese sind auf ein persönliches Mittragen angewiesen.

Im Geistesleben muss eine überzeugende Arbeit existieren, bevor das Geld kommt. Ferner bedarf es eines Einklangs zwischen den darin tätigen Menschen, weil sonst der Umkreis eher abgestoßen ist. Sowohl qualitativ als auch sozial hat eine Vorleistung zu geschehen. Das kann nur als gut erachtet werden, weil hier die Bürger selbst prüfen sollen, was sie bejahenswert finden.

Wahres Vermögen liegt stets im Geist begründet. Was mit Geld zu tun hat, ist davon abgezogen, zum Teil geraubt. Zurückkehren kann es, wenn wir das kulturelle Wirken intensivieren.

Einzig eines ist mächtiger als das Geld: der freie Geist. Er darf sich nicht Methoden der Anbiederung oder des Zwanges verschreiben, weil er sonst seine Basis verliert. Obwohl Geld auch sehr geistig erscheint, täuscht es doch vor, dass wir vom Materiellen leben. Das lässt die Leute um ihr tägliches Brot bangen.

In Wahrheit sind es die Ideen, die unser Leben vorwärts bringen. Nur wenn wir ihnen mehr vertrauen als allem übrigen, werden wir davon auch bis in den äußeren Unterhalt getragen.

Zunächst empfangen wir eventuell gar nichts für Aktivitäten, hinter die wir uns mit innigster Überzeugung stellen. Diese müssen sich ganz durch sich selbst bewähren. Stets sollten wir bereit sein, alles auch unentgeltlich zu leisten. So lange bleibt ein guter Geist bei uns. Er wandert ab, sobald wir um des Geldes willen arbeiten".

Arbeitszeit und finanzielle Existenzregelung

Bei all den Ideen, die innerhalb einer Gemeinschaftsbildung zum Tragen kommen wollen, ist die Frage der Bedarfsregelung im finanziellen Bereich von wichtigem Interesse. Wenn der Lohn von der Arbeit und dann auch von den Leistungen der Einzelnen entkoppelt werden soll, wenn also nach dem sozialen Hauptgesetz jeder Einzelne die Erträgnisse seiner Leistungen in die Gemeinschaft einfließen lässt, dann muss die Gemeinschaft als Ganzes so wirtschaften, dass die Bedürfnisse der Einzelnen abgedeckt werden können und zudem Gewinne erzielt werden, um die gemeinnützigen Satzungszwecke, die sich der Verein entworfen und gestellt hat, auch verwirklichen zu können. Kulturelle, soziale und pädagogische Aktivitäten können sich finanziell gesehen zumeist nicht selbst tragen. Daher hat der Verein einen Wirtschaftszweig geplant, der diese Aktivitäten mittragen soll. Da von staatlicher Seite kaum Zuschüsse zu erwarten sind, wären wir auch auf Spenden und Mitgliedsbeiträge angewiesen.

Wie kann nun ein Modell aussehen, das die Bedarfslage für jeden Einzelnen regelt?

Da sind ja unterschiedliche Ansprüche zu berücksichtigen, je nach Familienstand, Alter und Gesundheitszustand. Leicht könnte man hier aber einwenden, dass in unserer Zeit der Egoismus der Einzelnen zu stark ist, da jeder für sich und die Seinen doch möglichst viel vom „Kuchen" abkriegen will, der zu verteilen ist. Und dann scheitern solche Modelle sehr leicht an den antisozialen und egoistischen Kräften, die eben auch noch im Menschen sind.

Wenn irgendwo etwas kostenlos verteilt wird, sind die Bestände sehr schnell aufgebraucht. Wenn aber eingeladen wird und jeder soll zum Beispiel zu einem Fest etwas mitbringen, bleibt meistens sogar noch etwas übrig. Da wo Menschen am Ganzen und für das Wohl des Ganzen mitwirken können, ist auch jeder bereit mehr zu geben, als er dafür zurückbekommt. Wenn aber von „oben" her verteilt wird, möchte jeder für sich recht viel abbekommen. Das ist doch ein bedenkenswertes Phänomen.

Wir sind hier im zwischenmenschlichen Bereich und damit in der

Rechtssphäre angelangt und diese verweist immer auch in ein soziales Übungsfeld hinein. Eine Gemeinschaft gedeiht daher nur durch das Engagement jedes einzelnen Mitgliedes. Jeder hat darin das gleiche Mitspracherecht und jeder soll dann auch seinen persönlichen finanziellen Bedarf angeben. Die Gemeinschaft entscheidet dann nach den vorhandenen Möglichkeiten, das heißt dem Gesamteinkommen, wieviel an die Mitglieder verteilt werden kann. Wenn nun die Gemeinschaft für jeden sorgen soll, muss sie deren Einkommen gemeinsam ermitteln, das heißt, wenn 20 Mitglieder da sind, entscheiden sie gleichberechtigt über die Einkünfte jedes Einzelnen. Das Einkommen wird folglich in einem sozialen Prozess geregelt, an dem alle teilnehmen können.

Zu dieser Gehaltsregelung ist dann auch die Arbeitszeit eine Frage des Rechtslebens. Da spielen ebenfalls persönliche Faktoren eine wichtige Rolle. Nicht jeder kann die gleiche Arbeitszeit aufbringen, daher muss wiederum für jeden Einzelnen eine individuelle Lösung in der Gemeinschaft gefunden werden. Ein Erziehender hat ja andere Aufgaben, ebenso ein Künstler, daher haben nicht nur die im Wirtschaftsbereich Tätigen einen Anspruch auf ein Einkommen, denn in eine wirkliche Gemeinschaft gehören Alte, Kranke und Kinder, ebenso wie die voll arbeitsfähigen Menschen. Da erst können wir zeigen was Sozialität und Solidarität bedeutet und was es heißt, für andere tätig zu sein. In unserer arbeitsteiligen Gesellschaft regelt vieles der Staat, in einer kleinen Gemeinschaft wird aber erst wirklich sichtbar, wie soziale Prozesse gemeinsam gemeistert werden können. Und das eben nicht nur im eigenen Familienbereich, wo man schicksalsmäßig miteinander verbunden ist. Neue Gemeinschaftsformen zu finden und darin zu leben, zu lernen und zu arbeiten heißt entsprechend, in „Wahlverwandtschaften", so wie diese Goethe nannte, jedem Einzelnen die Möglichkeit für ein Miteinander zu gewähren, der an dieser Aufgabe ein Interesse hat.

Schwierige Phasen und Krisen in der heutigen Zeit sind nur die Folgen und Ergebnisse einseitiger Glaubenshaltungen und Einstellungen aus den vergangenen Zeiten.

„Möge das Unsere wahr sein oder auch falsch,
wir haben als Lebende die Pflicht,
das Leben zu verteidigen, das Kommende vorzubereiten.
Denn die Jugend, die zu unseren Füßen spielt,
wird dereinst unser Richter sein".

Johann Wolfgang von Goethe

Handeln können

Durch die Liebe zur Tat!
Aber in die Tat oder in eine Handlung zu kommen, ist gar nicht immer nur einfach. Wie oft haben Menschen gute Ideen, Träume und Wünsche und wie wenig kommen diese zu einer gelingenden Ausführung.
Des Öfteren werden dann Handlungen getätigt, die nicht aus einer Erkenntnis, Einsicht und einem Mitfühlen für die Weltzusammenhänge entspringen, sondern aus emotionalen Affekten oder persönlichen Bedürfnissen und Wünschen. Sehr schnell hat man oftmals eine Sache oder Angelegenheit beurteilt, wo meistens eine gewisse Bequemlichkeit, Faulheit, Flüchtigkeit, Erregung oder gewisse Begehrlichkeiten und Emotionen eine vernünftige Urteilsgrundlage verhindern.
Was ist überhaupt ein Urteil?
Gerne wird ja heute in manchen Kreisen gesagt, man soll nichts bewerten, weil man sich dadurch einengen tut und anderes damit beschränkt. Doch ohne gewisse Werte und Wertmaßstäbe werden wir nur schwerlich den rechten Weg im Leben finden können. Daher ist eine reife Urteilsfähigkeit unerlässlich für die heutige Zeit, wenn man nicht nur im Strom der Welt mitschwimmen will.
Nun sind da zwei Seiten zu nennen, die ein Urteil beeinflussen können. Die eine Seite kommt uns aus den Erfahrungen der Vergangenheit zu, die andere Seite aus einem gedanklichen Erfassen und Erkennen der sachgemäßen Umstände. Wir haben folglich ein

sachgemäßes Denken beziehungsweise dann auch eine Erkenntistheorie zu erlernen. Denn das rationale und erkennende Denken enthält eine Möglichkeit, sich über persönliche Meinungen und Sympathien zu erheben, wenn wir bereit werden, erweiternde Standpunkte in unsere Überlegungen einzubeziehen.

Unsere Vorerfahrungen dürfen wir natürlich mit hereinnehmen, sie sollen uns aber nicht zu sehr festlegen, denn jede Situation oder Sache sollte auch neu aufgegriffen und bewertet werden können, nicht aber nur im Stil: das find ich gut oder nicht gut. Viel eher sollte eine sachlich beschreibende Weise die realen Zustände darstellen können.

Das eigentliche Urteil erfassen und tätigen wir letztendlich jedoch zumeist im Bereich des Fühlens, im Herzen und dieses bedarf daher einer Reinigung und Wandlung aus dem nur subjektiven Fühlen und Empfinden und zwar in ein Interesse und Mitgefühl für und mit der Welt. Eine offene, hingebungsvolle und unvoreingenommene Haltung verbindet uns mit den Erscheinungen der Welt. Aus der Empfindung des Mitgefühls und Mitleidens kann in direkter Weise sogar eine Sehnsucht nach Veränderung und Wandlung erwachsen.

Dazu bedarf es im Weiteren einer werteorientierten Phantasie, die neue Wege finden und das Handeln in die Zukunft ausrichten kann. Es offenbaren sich darin schöpferische Willenskräfte, die in jedem Menschen veranlagt sind, oftmals etwas verschüttet, die aber einmal geweckt, beweglich, spielerisch, locker und lichthaft etwas ganz Neues aus dem Vergehenden und sich Wandelnden erstehen lassen. Wie von Flügeln getragen erfahren wir etwas in uns, das einem blütenhaften Leuchten gleicht, wenn wir im Erkennen und Ergreifen des Weges zu einem Neubeginn hin, unser Leben neu ausrichten und gestalten wollen.

Doch sind dabei auch immer wieder Widerstände aus der Umwelt und aus dem eigenen Inneren, übend und lernend, zu überwinden. Dies gleicht manchmal gewissen Todesprozessen, denen wir uns dann freiwillig auszusetzen haben. Hineingehen in Unerlöstes und Abgründiges, hineinsterben in das, was wir noch nicht erlöst haben. Dies erfordert meistens sogar einen Gemeinschaftsprozess, weil wir dabei irgendwann an einen Punkt herankommen, wo wir als Einzelne nicht mehr weiterkommen. Hierdurch kann erst ein „Neugeborenwerden" stattfinden, vor allem, wenn wir uns in der Gemeinschaft seelisch öffnen und bei allen auftretenden inneren Zerwürfnissen und Zweifeln doch noch aufrecht bleiben und an unseren Idealen festhalten können. Die Gemeinschaft führt auf diesem Wege immer wieder zu geistigen Ereignissen beziehungsweise zu einem Erwachen, da trotz aller Auseinandersetzungen, Reibungen und Schwierigkeiten sich mit der Zeit eine liebevolle Wärme ausbilden kann. Ohne solche Herausforderungen wird es kaum möglich sein, eine vertiefende, ehrliche und aufrichtige Verbindung zu allen Mitwirkenden aufbauen zu können. Dadurch sind wir erst richtig auf der Erde angekommen.

Letztendlich kann unser Fühlen in diesem rhythmischen Geschehen des lichthaftem Denkens und Erkennens, sowie in der sich reibenden und mitfühlenden Wärmebildung für die Mitmenschen, allmählich „gereinigt" werden und dadurch ein gesundes Urteil und im Weiteren einen Impuls fassen, um das weiterzuführen, was andere nicht mehr oder noch nicht wollen oder schaffen können. Der Mensch gibt sich in diesem Sinne selbst eine Aufgabe und „Anstellung" und er handelt auch danach.

„Lasst die Lichter brennen!
Sie sollen leuchtende Boten sein von leuchtenden Wahrheiten!
Verbrennen soll der Missmut, als wären wir keiner frohen und erhabenen Weltanschauung mehr fähig! Verbrennen soll die Müdigkeit, die nicht mehr wagt, von und mit der Unendlichkeit zu reden, und verbrennen soll die seelische Verzweiflung, als sei das Leben nur noch die Abfütterung seelenlos gewordener Körper!
Leuchte, du festlicher Tag, strahle und leuchte: Das Volk der Wahrheitssucher ist noch nicht zu Ende!
Leuchtet, ihr Lichter"

Friedrich Naumann

Handeln aus dem Geiste

Heutzutage ist fast jeder stolz auf das Geleistete, auf das wirtschaftliche Wachstum, auf die gesellschaftliche Anerkennung, sowie auf die berufliche und soziale Selbstverwirklichung, kurz: auf die Entfaltung der Persönlichkeit.

Dies hat ja auch eine Berechtigung, vor allem in jungen Jahren, wenn es darum geht, die Welt um sich herum zu erobern und darin seinen Platz zu finden. Es gibt daher nicht wenige Zeitgenossen, die meinen, mit einer guten Stellung, mit Familie und Wohlstand ihr Lebensziel erreicht zu haben.

Eine tiefergehende Betrachtung kann jedoch ergeben, wenn wir zum Beispiel sterbende Menschen beobachten, dass da aller Wohlstand und Fortschritt nicht mehr viel nützt. Denn auch die beste Medizin hilft nicht wirklich, wenn die Zeit zum Sterben naht. Es kann sogar eine Dumpfheit im Seelenleben mancher älterer Menschen, der sogenannte Altersschwachsinn, durch eine übermäßige Verabreichung starker Medikamente, zuweilen auch ein wildes Aufbäumen von Angst-, Depressions- und Schuldgefühlen beobachtet werden. Viele erschütternde Zeugnisse von Sterbenden bezeugen die Frage: War das schon alles?

Die Begegnung mit dem Tod lässt uns recht schmerzlich in eine große Ohnmacht sinken. Nichts hilft mehr, was uns im irdischen Leben über lange Zeiten getragen hat. Gerade diejenigen Menschen, die im Irdischen am stärksten festhängen, haben oftmals die größten Schwierigkeiten und Schmerzen zu ertragen, bis sie eine Einsicht in die Einseitigkeiten ihres bisherigen, überwiegend eigennützigen Tuns erlangt haben und seelisch allmählich loslassen können.

Dieses „Fallen in ein Nichts", das am Lebensende entsteht, können wir manchmal auch schon im Hier und Heute, also während des Lebens erleben. Der Tod beginnt nämlich nicht erst beim Verlassen des Leibes, er begleitet uns auch schon während des übrigen Lebens. Denn jedes wirkliches Erkennen ähnelt einem Todesprozess und kann mit Schmerzen und Leid verbunden sein, da wir immer wieder alte, liebgewordene Standpunkte, Meinungen und Vorstellungen ablegen müssen, wenn wir uns seelisch-geistig weiterentwickeln wollen. Es ist damit quasi ein Durchgang durch ein Nichts verbunden, wo wir noch nicht wissen, was zukünftig auf uns zukommt. In der Meditation kann dieser Prozess ganz bewusst geübt werden. Die Tugenden, mit denen wir dieses Tor, diese Schwelle erreichen und passieren können, sind die Demut, die Hingabe und das sich Lösen von jeglichen selbstsüchtigen Einstellungen. Durch Hingabe, Demut, Geduld und Selbstlosigkeit in unserer Seele erscheint in diesem Prozess allmählich etwas Wesenhaftes und dadurch ein inneres Verständnis, zum Beispiel für die Erkenntnis eines Problems, eines Begriffes oder einer Idee, die uns in eine neue Verbindung mit der Welt bringen kann. Entsprechend zum irdischen Ableben geschieht diese Erkenntnis als Erlebnis und Verständnis eines inneren, uns annehmenden, liebevollen Lichtes, in diesem wir erfahren können: jetzt erst bin ich wirklich, jetzt erst kann eine echte Selbstverwirklichung stattfinden, weil hier mein hohes Selbst erscheint.

Im irdischen Leben wäre es meistens besser, eine Selbsterziehung zu praktizieren, um diesem inneren Geschehen in bewusster und ruhiger Weise folgen zu können. Durch jeden Erkenntnis- beziehungsweise Todesprozess kann etwas von diesem Selbst in unsere Seele einströmen und wenn wir uns damit ganz verbinden wollen, wird auch unser Handeln sich ändern können. Nicht mehr persönliche Wünsche sind dann die Triebfedern, es kann ein Handeln aus der Kraft des Geistes beginnen, das im Einklang mit den moralischen Gesetzen der kosmisch-geistigen Welten steht, da diese ja die schöpferisch-schaffenden Kräfte im Kosmos sind.

Wie können wir nun zu solchen geistigen Begriffen gelangen, denn was normalerweise heute als Begriff verstanden wird, kann hier wohl nicht gemeint sein?

Wir schauen irgendeinen Gegenstand, eine Pflanze, ein Tier, einen Menschen an, sehen in der Wahrnehmung aber nur die Außenseite und benennen diese Wahrnehmung normalerweise mit einem Namen, einer Eigenschaft und beschreiben sie mit Farben, Formen und Nutzbarkeiten, ob sie mir sympathisch oder antipathisch sind oder welche Bedeutung diese für mich hat. Daraus bilden wir dann eine Vorstellung oder auch ein Urteil. Das Wesen, die Innenseite des Gegenstandes unserer Betrachtung erfahren wir dadurch aber noch nicht.

Daher gilt es, dieses Innere des Gegenstandes selbst aussprechen zu lassen, uns dafür ganz zurückzunehmen, dabei sogar eine gewisse Ohnmacht zu erfahren, denn wir erfassen dieses Innere nicht mit unserem Intellekt. Das Tor zum Nichts, zur Welt des Inneren, bedingt sogar den zeitweisen „Tod" des Intellekts. Hier erst können die Kräfte des Herzens lebendig werden. Eine Kommunion, eine Vereinigung, in Hingabe und Liebe mit dem „Unbekannten", darf sich ereignen. Das Wandeln unseres Denkens, Fühlens und Wollens in ein tastendes und lauschendes sich Hingeben und ein Hineinopfern unseres persönlichen Willens, unserer Erwartungen und Sehnsüchte und schließlich – die Stille, das Warten, das Nichts, der Tod. Dies erst ist der „Ort", an dem sich das Unbekannte offenbaren kann. „Nicht mein, sondern Dein Wille geschehe".

Es ist der Wille der Welt, der sich in dieser Weise aussprechen kann und in diesem erfahren wir die Idee eines „Gegenstandes" als etwas Wesenhaftes. Im Erfahren und Erleben dieser zum Wesen gewordenen Idee können sodann Begriffe gebildet werden, die die äußere Wahrnehmung erst vervollständigen und ein ganzheitliches Erfassen der Welt ermöglichen.

Gerade in der einseitig äußerlichen Erfassung der Welt, in dem man zum Beispiel den Welten-Sternen-Raum nur als tot, mit mechanisch-physikalischen Körpern gefüllt, betrachtet, kann eine seelisch unzufrieden machende, das Lebendige zerstörende Gesinnung erkannt werden. Dem kann nur abgeholfen werden, wenn wir uns auf den schmerzenreichen, aber letztlich doch erfüllenden Weg der Verinnerlichung im Betrachten der Welt, in und außer uns, begeben.

„Das Gewahrwerden der Idee in der Wirklichkeit ist die wahre Kommunion des Menschen".

Rudolf Steiner

Sekte oder Gemeinschaft

Beschäftigt man sich konkreter mit spiritueller Gemeinschaftsbildung und wagt die ersten Schritte in die Öffentlichkeit, so ist es oftmals eine Realität, dass gerade von Seiten der Kirchen oder aus dem Munde vieler materialistisch und konservativ eingestellter Menschen ein Misstrauen entgegenkommt mit der Frage: Seid ihr wohl eine Sekte?

Daraus kann ersehen werden, wie die medialen, staatlichen und kirchlichen „Ordnungshüter" mit einer ängstlichen Übertriebenheit neuen Impulsen ziemlich überfordert gegenüberstehen. Der Grund dafür liegt jedoch nicht so sehr in der Sorge für das Allgemeinwohl, als im Konfrontiertwerden mit den selbstgeschaffenen und zumeist längst überholten Denk- und Verhaltensstruktueren. Denn vor was man am meisten Angst hat, sitzt zutiefst in einem selbst, oftmals jedoch gar nicht richtig bemerkt.

So ist es relativ leicht, neuartige Gruppierungen mit dem Wort Sekte oder Ähnlichem abzustempeln, ohne dass man sich über diesen Begriff tiefergehende Gedanken gemacht hat. Dieser soll daher kurz umrissen werden:

Der Begriff Sekte umfasst eine Obrigkeit, die eine Ideologie oder ein Bekenntnis vertritt und damit einen ideellen Inhalt, dem sich die Mitglieder dieser Vereinigung unterzuordnen haben. Etwas, das einer Gruppe übergeordnet ist, wird darin als ein verbindendes Element gebraucht und gewürdigt.

Heute leben viele Menschen in einer Art persönlicher Isolation, da alte Gemeinschaftsformen nicht mehr richtig tragen. Daraus resultiert nun verstärkt eine Sehnsucht nach Gemeinsamkeit und damit nach einem verbindenden Element, das uns zu einer neuen Gemeinschaft hinführen kann. Nur können wir feststellen, dass dies bei einer Sekte zumeist auf Kosten der Freiheiten des einzelnen Individuums geschieht. Es entsteht daraus ein Gruppenzwang.

Diese Gedanken können nun eine Grundlage bilden, verschiedene gesellschaftliche und persönliche Zusammenschlüsse zu überprüfen.

Die einzelnen religiösen Sekten möchte ich zunächst einmal außer acht lassen, weil hier eine Gruppenabhängigkeit zumeist recht offen zutage tritt. So soll hier einmal der Staat selbst und dann vor allem die konfesionellen Kirchen beleuchtet werden.

Was ist aus den freiheitlich-demokratischen Grundprinzipien in unseren Tagen geworden? Oftmals werden diese Prinzipien, zum Beispiel die Unantastbarkeit der menschlchen Würde oder bestimmte Freiheitsrechte, an vielen Stellen zitiert und zu einer Art Glaubensdogma erhoben, vor allem um missliebige „Feinde" dieser Demokratie, also Menschen, die den Regierungen skeptisch gegenüberstehen, zu verunglimpfen.

Da das Grundgesetz von vielen Bürgern bewusstseinmäßig oftmals noch gar nicht richtig reflektiert und innerlich aufgearbeitet wurde, wird die Verfassung unseres Staates sehr leicht zu einer Phrase und nicht mit wirklichem Leben erfüllt. Die gesellschaftliche Realität zeigt heute schon recht deutlich an, dass dieses formale Staaten-Gebilde an allen Ecken und Enden zu bröckeln beginnt. Wenn auch die Grundgedanken und Paragraphen des Grundgesetzes sehr positiv und humanistisch ausgerichtet sind, können sie für viele Menschen nur zu einem „schönen Schein" oder gar zu einer Fessel werden, da sie im eigenen Seelenleben nicht als wirkende Kräftewesen oder im realen Alltagsleben kaum mehr als nutzbringend erlebt werden.

„Jede Idee, der wir nicht erlebend gegenüberstehen, zwingt uns in ihre Knechtschaft".

Rudolf Steiner

Schöne Grundsätze zu haben, reicht eben noch nicht aus. Wir müssen sie zu Idealen verwandeln, denen wir immer wieder neue Nahrung und damit einen Alltagsbezug schenken müssen.

Wenn wir ehrlich sind, müssen wir nämlich zugeben, dass der Staat beziehungsweise die Politiker uns wie eine neue Art von Obrigkeiten erscheinen, die uns ihre Weltsicht und ihr Dogma von der freien Marktwirtschaft, von einem Konsum-, Leistungs- und Wettbewerbszwang und der ausschließlichen Betonung einer materialistisch geprägten Geisteshaltung und parlamentarischen Demokratie auferlegen und damit wenig Freiraum lassen, eigene, selbstbestimmte und neue Wege mit mehr Eigenverantwortung zu gehen, was ja gerade während der Corona-Zeit ganz offensichtlich zutage trat.

Eine Möglichkeit, diesen Gefahren und Beeinträchtigungen, die eben auch einer Autoritätshörigkeit entstammen, zu widerstehen, wäre sicherlich ein Volksabstimmungs-Gesetz, so wie dieses im Grundgesetz verankert ist, wodurch jeder Bürger zu mehr Eigenverantwortung und politischem Mitwirken aufgefordert werden soll. Würde unser Grundgesetz von den Politikern wirklich ernst genommen, so könnte nicht so oft über den Willen des Volkes hinweg regiert werden.

Des Weiteren wäre noch das Parteien(un)wesen zu betrachten. Deren Programme sollen das soziale Leben regeln und gestalten. Das ist im Grunde ja nicht schlecht. Die Bürger haben sich diesen Programmen und den entsprechenden Gesetzen anzupassen und unterzuordnen, wenn die entsprechenden Parteien gewählt werden. Man könnte hier aber einmal den Gedanken wagen, statts Parteien und deren Programme, fähige und aufrichtige Menschen zu wählen, die aus dem Volk kommen und nicht von irgendwelchen Lobbyverbänden in die Politik gehieft werden. Da hätten wir dann direkte Ansprechpartner. Wählen wir Parteien, so sind deren Vetreter jederzeit austauschbar, so wie sich dies in der Vergangenheit immer wieder zeigte. An der Poltik selbst ändert sich dadurch aber nichts.

Wer verbirgt sich hinter den Parteiprogrammen und kann da jemand persönlich zur Verantwortung und Rechenschaft gezogen werden?

Ideologien, Dogmen und Programme haben immer etwas Unpersönliches. Wer übernimmt denn für ein Parteiprogramm die persönliche Verantwortung? Ein Rücktritt eines Ministers bei irgendwelchen Vergehen ist nicht genug, da der entstandene Schaden meistens sowieso beim Volk hängenbleibt.

Die zweite große Institution, die ein sektenhaftes Erscheinen zeigt, ist unsere alte, „ehrwürdige" Kirche. Tiefe Wahrheiten werden darin gerne als ein Dogma verbreitet, ohne sie erkennend zu beleuchten. Als ein bloßes Bekenntnis führen die religiösen Überlieferungen jedoch nicht in die Freiheit, die der heutige Mensch für sich suchen will. Ein Glaube ohne eine Erkennen wird zu einem blinden Glauben, wenn er nicht in einem geistigen Erkennen oder zumindest in einem seelischen und gemüthaften Erleben im eigenen Herzen als eine göttliche Gnade fruchtbar wird. Andernfalls gibt man seine persönliche Verantwortung, die man für sich selbst hat, ab und vertraut auf die kirchliche Obrigkeit, die dann für uns entscheidet. Das war bis in die Neuzeit allgemeines Gedankengut und auch heute noch beruft sich die Kirche auf ihre besondere Stellung den Gläubigen gegenüber. Der Einzelne fügt sich darin der Macht der Institution. So entscheidet die Institution, wie die Menschen zu sein und zu leben haben. In unserer Zeit sollten die Menschen ihre Institutionen aber so bilden und gestalten können, dass sie ihr seelisches Innenleben darin wiederfinden können. Ist das heute in den Kirchen noch möglich?

Mit diesen Gedanken ist aber kein Verunglimpfen des Staates oder der Kirche beabsichtigt. Eher wäre ein Wachwerden und daraus ein Verbessern gewisser Mängel erstrebt. Daher soll jetzt auf einen Gemeinschaftsprozess übergegangen werden, der eine Alternative zum sektenhaften Gruppenleben beinhaltet und der zum Überwinden alter, obrigkeitshöriger Strukturen führen kann, damit der Einzelne seine individuellen Fähigkeiten und Entfaltungsmöglichkeiten frei entwickeln kann und diese in und durch die Gemeinschaft gefördert werden. Der Verfasser hat dabei auf vielfältige Erfahrungen, die ihm aus der Beschäftigung mit der anthroposophischen Bewegung zugekommen sind, zugegriffen. Doch kann auch die Anthroposophie zum Dogma und damit sektenhaft ausgeübt werden, wenn man ihre Gedanken nur intellektuell aufnimmt und sie nicht mit der ganzen Seele so durchdringt, damit die Gedanken daraus zu lebendigen und wesenhaften Erfahrungen werden können.

Jegliches Missionieren ist sinnlos und verschreckt eher andere Menschen. Daher darf dieser Artikel nur als Anregung verstanden werden. Jeder hat selbst seine eigenen Gedanken und sein Urteil zu bilden. Und kommt jemand zu anderen Resultaten, so kann man immer noch in einen Meinungsaustausch treten, um wiederum Anregungen für eine neue, eigene Gedankenbildung zu erhalten.

Die folgenden Erläuterungen will ich unter das Motto stellen:

Eine Sekte sind wir, wenn wir für alles fertige Antworten wissen – eine offene Gemeinschaft werden wir, wenn die Fähigkeit des Fragens wieder erworben wird.

Eine innere Frage haben heißt, sich dem zukünftigen, werdenden Menschen zu widmen. Da stehen wir ja immer am Anfang. Daher ist es für das Ganze nicht so bedeutend, was er vorher war. Somit kann auch jeder Mensch, unabhängig von seiner Rasse, Nationalität, Religion, seinem Geschlecht und Alter, zum Mitglied dieser neuen Gesellschaftsformen werden. Das Verbindende ist hier nämlich die Suche nach dem Neuen, nach einer gesunden und humanistischen Zukunft. Hier muss daher größtmögliche Freiheit, Offenheit und Unvoreingenommenheit walten können.

Wenn wir uns mit unserem „alten" Menschen begnügen und zufriedengeben, wird kein Raum geschaffen, in dem sich das Neue offenbaren und ereignen kann. Oftmals kommen wir Menschen erst in Lebenskrisen an einen gewissen „Nullpunkt", wo das Alte nicht mehr weiter trägt, etwas Neues aber auch noch nicht erscheinen will und wir deshalb in einer Art Ohnmacht und Hoffnungslosigkeit erstarren können.

An diesem Punkt angelangt, kann erst wieder eine Gemeinschaft weiterhelfen, also eine Anregung, Hilfe und Begleitung durch andere. Dabei gilt es, den oder die Anderen ganz in sich hineinzunehmen, damit ich an ihm oder an ihnen erwachen kann. Jedoch, auch Gemeinschaften können an diesen Todes- oder Nullpunkt hingelangen. Wer soll und kann da noch weiterhelfen?

Schafft es die Gemeinschaft, einen Freiraum zu öffnen und zu bilden, eine fragende und hingebungsvolle Haltung einzunehmen und zwar in die Richtung: was werden will, so kann sie sich würdig erweisen, dass sei ein Gefäß, eine Schale wird, in die

Hilfen und Impulse aus der geistigen Welt einströmen können.
„Wo zwei oder drei in meinem Namen versammelt sind, da will ich mitten unter ihnen sein".

Diese Christusworte können als eine reale geistige Kraft erlebt werden, aber auch nur, wenn wir den Boden dafür selbst geschaffen haben. Denn nur auf einem gutgepflegten Boden können gesunde Pflanzen wachsen. Das Wachsen ist danach ja ein Geschenk, eine Gande, doch müssen wir uns zuvor innerlich dafür reif machen und das geschieht im Seelischen dadurch, das wir uns frei machen, wie ein Kind werden und zwar von allem, was wir noch vom „alten Menschen" in uns tragen. Das ist natürlich gar nicht so einfach. Aber erst dann, wenn wir uns von den persönlichen Wünschen und Vorstellungen freimachen, können wir eine reine Wahrnehmung haben von dem, was wirklich ist und geschehen soll.

Nicht ich, sondern die Welt offenbart sich beziehungsweise die Motive und Aussagen der Anderen sprechen in mir, wenn ich mich selber ganz zurücknehme. Dadurch zeigt sich mir ihre Wahrheit beziehungsweise die der Welt. Aus einem feinen Empfinden und Erkennen dieser Wahrheiten und einem anschließenden Reflektieren, was da auch für mich gut und wahr ist oder eben nicht, kann ich mein Handeln danach ausrichten. In einem gegenseitigen Zuhören, Annehmen und Austarieren kann ich als Mensch auch in der Gemeinschaft und mit meiner Umwelt frei werden. Dazu brauche ich mich nicht nur anzupassen, aber ich muss verstehen, aus welchen Intentionen und Motiven heraus der Andere spricht. Dann kann ich erst entscheiden, wie weit ich diese für mich selbst als wahr und erstrebenswert erachte. Indem ich meine weiteren Handlungen in Einsicht, in freier Entscheidung und in Liebe ausführe, weil ich dies eben mit ganzem Herzen, mit innerem Verständnis und Einsicht tun will, werden diese sinnvol und zufriedenstellend sein und das macht mich innerlich frei.

In dieser Haltung offenbart sich dann auch das Wesen des Künstlerischen. Es ist eine echte Lebenskunst, wenn ein entsprechendes Handeln in und für die Welt, diese, vielleicht auch nur ein klein wenig, aus ihrer geistig-moralischen Gefallenheit, wieder mit den Zielen eines geistigen Kosmos verbinden kann.

Die Kunst ist ja ein Verwandeln der Stoffeswelt in die geistigen Gesetzmäßigkeiten des Kosmos und zwar durch den Menschen, der in seinem Erkennen schöpferisch wurde, sein Fühlen und Empfinden an und mit der Natur gereinigt hat und seinen Willen mit dem Willen der Gottheit vereint. „Dein Wille geschehe". Aber dies alles nur in Freiheit – und der Garant für diese Freiheit, das ist Christus. Er ist nicht der strafende Gott des Auge um Auge, Zahn um Zahn. Christus nimmt die Menschen so an, wie sie eben sind, unabhängig von ihrer Vergangenheit. Gefragt ist vielmehr der werdende, der neue Mensch und das ist bildlich gesprochen: das Kindliche und Reine in uns. Dieses kann in uns zu einer Auferstehung gelangen, indem wir unseren Willen in den eigenen Seelentiefen durch ein Geist-Erkennen beleben. Das Fühlen wird auf diesem Wege allmählich immer edler und reiner.

Dies sind gewisse Grundmaxime, mit denen die Menschenseele den Weg zur Erkenntnis des hohen Selbst in der Welt beschreiten kann. „Mensch, erkenne dich selbst". Auf und mit diesem Fundament wird das Licht des Geistes unsere Herzen erwärmen und unsere Häupter erhellen. In diesem Licht erkennen wir denjenigen Geist, der uns wahrhaft zur Gemeinschaft führt. Dieser Geist, dieses Licht kann in unserer Zeit neu gefunden werden. Es offenbart sich darin das Ereignis der Wiederkunft Christi. Diese ist aber nicht mehr im Physischen zu finden und ist mit den gewöhnlichen Sinnen auch nicht wahrzunehmen. Doch gibt es heute schon einige Berichte von Menschen, die eine direkte Begegnung mit dem Auferstandenen und Wiederkommenden erlebten. Vor allem in lebendigen und zwischenmenschlichen Bereichen wird sein Liebesgeist zu spüren sein.

Alle Bedrängnisse und Katastrophen unserer Zeit können letztlich mit diesem Ereignis der Wiederkunft in Verbindung gebracht werden. Denn wo viel Licht erscheint, da werden auch die Dunkelkräfte aufgeschreckt und sichtbarer. Es ist zumeist unsere eigene Vergangenheit, die erst aufgearbeitet werden muss, bevor wir den Pfad des Zukünftigen betreten können. Und so erscheint erst hinter den Gleichnissen und Schrecknissen der heutigen Zeit der wiederkommende Christus im Bereich des Lebendigen. „Auf Wolken wird er kommen". Wieviel Wolken wir noch durchdringen müssen, hängt vor allem von unserer inneren Einstellung ab.

Wir Menschen werden seelisch verkümmern und verdorren, wenn wir das Ereignis der Wiederkunft Christi ungeachtet an uns vorüberziehen lassen würden. Daher fällt auch der Anthroposophie, die dieses Ereignis als ihr zentralstes Anliegen enthält, eine sehr wichtige Kulturaufgabe zu, die bis heute leider nicht genügend ergriffen wurde. Jedoch, die Menschheit hat dafür noch einige Jahrzehnte und Jahrhunderte Zeit, aber die „Gewitterwolken" ermahnen uns schon heute, dass hinter der äußeren Weltgeschichte noch ganz andere Geistesmächte am Werke und am Kämpfen sind, die vor allem auch in unserem Seelenleben ausgefochten und ausgetragen werden müssen.

So möchte ich zuletzt noch anregen, zukünftige Gemeinschaftsbildungen auf den Grundfesten dieser realen Weltereignisse zu etablieren, die zum Beispiel recht klar in der Grundstein-Meditation für die Anthroposophische Gesellschaft von Rudolf Steiner in der Weihnachtstagung 1923/24 ausgedrückt und eingesetzt wurde. Ein weiterer Pfeiler kann die Bergpredigt als eine Aufgabe und Wegweisung bilden und als dritten Bereich die strebenden und zusammenarbeiten wollenden Menschen selbst.

„Nur den, der strebend sich bemüht, können wir erlösen".

(Goethe: Faust 1).

„Es ist etwas ganz Neues, was durch die Vereinigung entsteht. Aber es entsteht nur, wenn der Einzelne in dem anderen lebt, wenn der Einzelne seine Kraft nicht nur aus sich selbst, sondern auch aus den anderen schöpft. Das kann aber nur geschehen, wenn er selbstlos in den anderen lebt.

So sind die menschlichen Vereinigungen die geheimnisvollen Stätten, in welche sich höhere geistige Wesenheiten niedersenken, um durch die einzelnen Menschen zu wirken, wie die Seele durch die Glieder des Körpers wirkt".

Rudolf Steiner

Ökologie, Ökosophie und Therapie

Jegliche neue Gemeinschaftsform wird sich in unserer Zeit mit den obengenannten Begriffen auseinandersetzen müssen, da für unsere weitere Zukunft viele gesundende Tätigkeiten verlangt werden, um der kranken und sterbenden Erde heilende Impulse überbringen zu können.

Das Wort Therapie kann nur richtig verstanden werden als ein pflegender, dienender und begleitender Prozess und zwar für den Mitmenschen wie auch für die Naturwelten und die Erde selbst. Die Erde ist ein lebendes Wesen, das dringend einer Gesundung und Heilung bedarf. Ein therapeutischer Prozess braucht daher nicht auf den Menschen beschränkt bleiben, denn eine Heilung des Menschen wird nicht gelingen ohne eine Heilung unseres Heimatplaneten. Zunächst beschreibe ich hier aber die Beziehung zwischen Therapeut und Patient.

Das Entscheidende für einen Gesundungsprozess ist das Verhältnis des Patienten zu seinem Therapeuten. Nicht um ein „Manipulieren" im üblichen Sinne mit den bekannten Mitteln der Psychoanalyse und Verhaltenstherapie, der Apparatemedizin und der Medikamenteneinnahme geht es hier, wodurch dem Patienten mehr von „Außen" eine spezielle Methode oder bestimmte Präparate verordnet oder auch übergestülpt werden. Viel eher entsteht nämlich aus einer offenen und vertrauensvollen Begegnung etwas ganz Neues und dies für beide Seiten. Der Patient und der Therapeut sind dann beide Lernende. Erst aus einer echten Begegnung kann daraus die passende Methode für den jeweiligen Patienten gefunden werden. Dazu muss vom Therapeuten vor allem eine fragende Haltung eingenommen werden und der Patient sollte sich vertrauensvoll öffnen können. Doch dies benötigt Zeit, die das „moderne" Medizin-System leider nicht mehr gewährt.

Einen Weg für ein gemeinsames und gesundendes Weiterkommen bilden vor allem die Künste, um die schöpferischen Fähigkeiten im Patienten entdecken und entwickeln zu können. Weitere Elemente einer Therapie sind das Gespräch, das Betrachten und Verstehen eigener biographischer Wege und Schicksalskrisen und ein Selbstfindungsprozess durch eine seelisch-geistige Schulung, die den Blick auf zukünftige Lebensausrichtungen lenkt.

Was braucht der Patient im Augenblick und nicht, was weiß der Therapeut alles, ist die entscheidende Ausgangslage. Dafür wird ein hohes Einfühlungsvermögen des Therapeuten benötigt.

Der nächste Begriff ist der der Ökologie. Heute oft gebraucht und zitiert, doch bewusstseinsmäßig relativ wenig verstanden. Vor noch wenigen Jahrzenhten war dieser Begriff nahezu unbekannt. Durch die weltweite Umwelt- und Lebenszerstörung in das öffentliche Bewusstsein gerückt, bedarf dieser Begriff trotz alledem einer genaueren Erläuterung.

Öko, aus dem griechischen Wort Oikos stammend, bedeutet soviel wie Haus oder Heim. Logie ist die Lehre. Zusammengefasst die Lehre über die Lebensheimat von Mensch und Natur. Die Geborgenheit und Vertrautheit eines Heimes ist schon immer als ein Geschenk empfunden worden, das uns allen ein Gefühl der Heimat gibt.

Der Um-Raum, Lebens-Raum, Wohn-Raum beziehungsweise die Öko-Nische in der Tier- und Menschenwelt, kann studiert werden als ein gegenseitiges sich Ergänzen und Zusammenwirken. Der Mensch wird ja nicht nur durch seinen Leib getragen, geschützt und darin beheimatet. Sein Haus oder seine Wohnung ist wie eine zweite Hülle und die Landschaft ringsherum hüllt und prägt ihn ebenso. Daher muss die Ökologie nicht nur als eine Lehre von der Umwelt verstanden werden, sondern den Menschen als Erdenbürger mit einbeziehen.

Der heutige Dualismus von Mensch und Natur bewirkt ein Auseinanderfallen beziehungsweise den Gegensatz von Ich-Welt und Um-Welt und damit die fortwährende Zerstörung seines umgebenden Lebensraumes. Da der Mensch aber ein Glied des Ganzen ist, bewirkt dieser dualistische Denk-Mechanismus eben auch eine Aushöhlung und Schädigung des eigenen seelischen Erlebens. Viele Tendenzen der heutigen Zeit bezeugen die Entwurzelung aus diesem bergenden Haus der Ökologie, dem vertrauten und doch irgendwie zwiespältigen Heim unserer Erde.

Zum Begriff der Ökosophie:

Sophia aus dem Griechischen heißt Weisheit und bedeutet ein bewusstes, geistiges Durchdringen der Welt- und Lebenszusammenhänge unserer Erd-Entwicklung. In einem inneren Erleben kann die Erde als ein lebendiges Wesen erfahren werden. Alle Naturreiche mit Einbeziehung des Menschen sind ihre Organe, die zum Wohle des Ganzen zusammenwirken sollen.

Ein alter indischer Spruch besagt und verdeutlicht diese Geisteshaltung: Tat twam asi – „Das bist du". Was du ihr, der Erde, antust, tust du dir selber an. Jede Schädigung in der Natur ist eine Art Selbstverstümmelung.

Welche Bedeutung nun der Mensch in diesem Zusammenhang hat, kann am besten erahnt werden, wenn man sich empfindungsmäßig in Naturereignisse vertieft. Das Wachsen, Blühen und Welken im lebendigen Pflanzenreich, das jubelnde Zwitschern im Lied der Lerche, sowie das freudig galoppierende Pferd als Ausdruck der empfindenden „Erdenseele" und schließlich der Mensch, der in Klängen, Tönen, Instrumenten und Liedern, in den Tänzen und Künsten ein weiterentwickeltes Element hinzubringt, durch ihn erfährt die Natur eine neue Qualität und die Erde erst eine Ganzheit und Vollendung.

Das seelische Erleben des Tieres kommt im Menschen zum vollen Bewusstsein, das er mit Hilfe des Denkens entwickelt. Der Mensch ist somit das Bewusstseinsorgan der Erde. Die Erde hat im Menschen die Möglichkeit, sich selbst zu erkennen. Die Erde und der Mensch sind sich in vielem eins, wenn wir nur einmal den stofflichen Aufbau unseres Leibes betrachten, der ganz aus Erdenstoffen aufgebaut ist. Ein Bewusstsein von der Erde, von ihrer biologischen, seelischen und geistigen Beschaffenheit zu gewinnen, bringt uns ihrem Wesen immer näher.

Eine solche Gesinnung erweckt zu einem Bewusstsein höchster Verantwortung gegenüber einer uns anvertrauten Vollmacht, die wir für die Erde bekommen haben. „Euch ist die Erde anvertraut (untertan)", kann die Hinwendung zum Leben der Erde als ein Heger und Pfleger bedeuten. Einer solchen Gesinnung erscheint das „höchste Wesen" nicht als ein strafender und zorniger Gott, sondern eher als „Große Mutter", als Göttin Natura oder als guter Hirte, wie auch im Bilde des Auferstandenen als ein Gärtner.

Eine solche Lebensauffassung zu erüben, ist ein weit vorausschauender Schlungsweg für die Harmonie und Einswerdung mit dem Urgrund allen Seins und damit mit uns selbst.

In unserem höheren Wesen, im wahren Ich des Menschen, sind wir mit allem und in allem verbunden. Auf dem Weg dorthin kann die Erde unser Lehrmeister sein. Wir werden an ihr gesunden oder zugrundegehen. Das Schicksal der Erde und das der Menschheit ist aufs Engste miteinander verflochten. Daher sind wir aufeinander angewiesen. Ein Manifest der Neuen Erde wird erfüllt von der folgenden Einstellung:

Ich bin ein Teil des lebendigen Ökosystems der Erde. Ich habe erkannt, dass die Gesundheit meines Lebens untrennbar mit der Gesundheit der Pflanzen, der Tiere, der Böden und Gewässer, der Luft und mit den zeitlichen und kosmischen Rhythmen im Jahreslauf verbunden ist.

Ich erinnere mich an die mir einwohnende Schöpferkraft und an mein großes Entwicklungspotential, das ich als Mensch in mir trage.

Ich wirke so, dass überall auf der Erde der lebenswichtige Humus wieder aufgebaut wird.

Ich umgebe mich mit Produkten aus der Region, die im Einklang mit der Natur produziert wurden.

Ich unterstütze lebensfördernde Gemeinschaften und Begegnungen, in denen sich Menschen gegenseitig unterstützen und Halt geben.

Ich fördere durch mein überschüssiges Geld soziale und kulturelle Initiativen.

„Ich will lernen,
Ich will arbeiten,
Ich will lernend arbeiten,
Ich will arbeitend lernen -
für und mit der Erde".

Vom Lernen und Lehren

Im Sozialen sind wir alle Lernende, da ist noch kein Meister vom Himmel gefallen. Unser Menschsein und Menschwerden ist ja noch lange nicht abgeschlossen. Gerade im Zwischenmenschlichen bestehen dazu die besten Wachstumsmöglichkeiten, vor allem, wenn wir bereit sind, unsere Schattenseiten anzunehmen und umzuwandeln.

Somit würde es einem spirituellen Impuls nicht genügen, wenn wir nur im üblichen Sinne einer Bildungs-Pädagogik und Freizeit-Kultur, die leider immer mehr zu einer Konsumkultur verkommen ist, arbeiten wollten. Auch ist im staatlich geförderten pädagogischen Bildungsbereich, also in den Schulen und Universitäten, eine zunehmende Vereinheitlichung und Zentralisierung im Sinne einer „Massenabfertigung" zu erkennen. Dies soll in unserem Interesse aber ganz bewusst verhindert werden. So kommt es in unserem Anliegen in erster Linie auf die persönliche Betreuung und Förderung der einzelnen Menschen und Sachgebiete an.

Die einzelnen Gebiete im sozialen Leben sollen daher so gehandhabt werden, dass sie sich gegenseitig ergänzen und weiterentwickeln können. Dazu werden wiederum einige Begriffe etwas näher beleuchtet. Mit Hilfe einer Erläuterung bestimmter archetypischer und planetarischer Seelenkräfte, die im Menschen wirken, kann gefunden werden, welche Absichten, Motive und Möglichkeiten sich daraus ergeben, die in ein Gemeinschaftsleben einfließen können.

Den Anfangsimpuls für eine Lerngemeinschaft bilden natürlich die Ideale und Inhalte, die sich die Gruppe aneignen will, aber auch das soziale Interesse am Mitmenschen. Denn auch in einer Studiengruppe ist der zwischenmenschliche Bereich sehr wichtig.

Mars- und Venuskräfte, als die archetypischen Polaritäten im Bereich des Männlich-Weiblichen, spielen dabei mit herein und sollen sich ja auch verbinden, damit etwas Gemeinsames entstehen kann. Venus als eine aufbauende und harmonisierende Qualität und Mars als der aktive Vorwärtstreiber werden aber erst durch die selbstbewussten und vermittelnden Sonnenkräfte zu einem Miteinander und zu einem bereichernden Gespräch geführt, in dem sich das Zuhören und das Sprechen ausgleichen können. Als eine höhere Oktave davon können die Kräfte der obersonnigen Planeten dieses kommunikative Geschehen auf ein überpersönliches, menschheitliches Niveau hin impulsieren. Dies führt allmählich zu einer erkennenden Schau tieferer Weltzusammenhänge, in die sich die Gemeinschaft eingebettet erlebt. Das Soziale kann darin die Grundlage für eine Gemeinschafts-Kultur heranbilden, die aus den Weisheitskräften des Geistes und der künstlerischen Kreativität und Seelenpotenz der daran Teilnehmenden hervorsprießen will.

Die beweglichen Verstandeskräfte und die harmonisch-gemüthaft wärmenden Gebärden der Seele tragen zu einer erneuernden und gesundenden Kultur bei, die in geistiger Erkenntnis und inspirierender Weise eine „hohe" Zeit erlangt. Dabei dürfen letztlich alle planetarischen Kräfte integriert sein. Daraus entsteht eine Wissenschaft, die auf den realen und wahrhaftigen Bedürfnissen der Menschen und der Erde gründet. Damit findet auch in den Wissenschaften eine Verbindung zu den weltentragenden, schöpferischen Kräften statt. Aus einer einseitigen, verstandesmäßigen Naturwissenschaft kann in dieser Weise eine weisheitsvolle Geisteswissenschaft hervorgehen. In und mit einer intuitiven Erkenntnis wird die heutige Medizin so erweitert, dass daraus eine Heilkunst entsteht. Die Pädagogik wird zu einer Erziehungskunst und das kulturell-geistige Anliegen ist nicht mehr nur ein Freizeitangebot, denn es kann sämtliche Bereiche des Alltags beflügeln.

Die sonnenhafte Kraft unseres Ich-Geistes verbindet, vermittelt und ordnet, was von den seelischen Untergründen und Tiefen aufsteigt und was von den moralischen Intuitionen und Eingebungen des Geistes einströmen will. Jede Kraft, nur für sich allein angewendet, führt mit der Zeit aber in eine Einseitigkeit hinein.

Die Kraft des menschlichen Ich als Herzens-Sonnenkraft vermag es, in diesem großen Zusammenklang die Seelen- und Leibeskräfte vom Geiste aus neu zu beleben. Der Mensch kann sich dadurch in neuer und kosmischer Größe als ein Mittelpunkt empfinden, der mit allem, mit sich und mit dem Umkreis verbunden ist. Wir sind nicht mehr vom Himmel und der Erde getrennt, so wie dies in einem dualistischen und materialistischen Weltbild zutage tritt. Eine ganzheitliche, kosmische Betrachtung des Menschen ist die Grundbedingung und die Voraussetzung für den Eintritt in das beginnende sogenannte Wassermannzeitalter. Die Möglichkeiten hierfür sind in diesem Jahrhundert gegeben und so liegt es an jedem selbst, ob er sich auf den Weg begibt, in dieses neue, lichte Zeitalter einzutreten oder ob er in den traditionellen, wie auch in den „modernen" Einseitigkeiten unserer westlichen Zivilisationen sich innerlich wie gespalten erlebt und langfristig gesehen daran zugrunde gehen wird.

Diese hier nur kurz zusammengefassten Gedanken, die sich natürlich noch erweitern lassen, mögen als Grundlage dienen für die weitere Arbeit in der Gemeinschaft. Welche konkreten Aufgaben aus einer solchen Geisteshaltung entstehen können, wird von den teilnehmenden Menschen und den Nöten der Zeit abhängen. In einem sozialen Zusammenhang ist es ja unsere Aufgabe, dass wir die Not der Mitmenschen zum Motiv für unser eigenes Handeln machen wollen.

Wenn diese und ähnliche Gedanken auf einen fruchtbaren Boden fallen sollten, dann können wir auch hoffen, dass sich immer mehr Menschen einer Zeit nähern dürfen, in der sie ihr Zusammenleben in guter Weise bis in gesellschaftliche Gestaltungen weiterführen. Dies käme einer sozialen Revolution gleich, die heute in kleinen Vereinigungen und Gemeinschaften erprobt werden darf, die irgendwann aber auch im Großen, im Menschheitlichen erreicht werden will. Dazu dienen unsere Bemühungen, wenn diese heute vielleicht auch noch recht unvollkommen und anfänglich erscheinen mögen. Alles Weitere wird die Zukunft zeigen.

Die Revolution kommt nicht von links und nicht von rechts, sondern aus der Mitte, aus dem Herzensbereich. Zur natürlichen Evolution kommt die vom Menschen hinzugeführte schöpferische Kraft der Kreativität und erweitert so zur Revolution in einem freien, demokratischen und sozialen Miteinander.

Ausblick

Mit dem nun abschließenden Kapitel: „Verwandeln" dieser Schrift sind wir an ein gewisses Ende angekommen. Vom Ergreifen einer Idee zum zwischenmenschlichen Ringen und zu der Möglichkeit, die ersten Schritte in die Welt zu tun, ist ein geistig beflügelnder und inspirierter Weg zusammen gegangen word. Räumlichkeiten zur Durchführung standen damals zur Verfügung. Einige Impulse und Initiativen benötigten aber noch mehr Zeit zum Reifen und das bisher Geschaffene erwies sich als ein Durchgangsstadium und war für ein tastendes Wagnis recht gut geeignet. Damit startete ein Experiment, in dem im sozialen, kulturellen und pädagogischen Bereich begonnen werden konnte.

Kurz vor dem Ziel erscheinen allerdings die größten Zweifel und die Kraft für Gemeinsames neigt sich manchmal doch sehr schnell einem Ende zu. Da hilft es nur noch, sich an den geistigen Quellen zu orientieren, um immer wieder neu beginnen zu können.

Vieles hätte man besser machen können, Versäumnisse sind nicht so leicht wieder gutzumachen. Doch wir sind Lernende und gerade die gemachten Fehler haben eine große Bedeutung für die weitere Entwicklung.

Ist es uns überhaupt noch möglich, so offen zu sein, damit sich das Entscheidende, eine Art Geburt ereignen kann?

Da wo wir in die Nähe des Todes gerückt sind, ist erst einmal eine Leere und eine Kälte zu verspüren. Doch diese Leere kann sich füllen. Bitte aber nicht mit egoistischen Wünschen und Zielen. Denn gerade in dieser Leere, an diesem Todespunkt, kann sich die Geburt vollziehen als ein weihnachtliches Ereignis.

Die Adventszeit im Jahreslauf ist eine Zeit der Reinigung und Läuterung, sollte sie zumindest sein. Alles Überflüssige und Unwesentliche soll entfernt werden, damit wir an Weihnachten leer und offen dastehen können wie die Kinder und durch die Gnade des Auferstandenen so beschenkt werden, um als seine „Mitarbeiter" in und für die Menschheitsentwicklung tätig werden und uns so bewähren zu können. Dazu bedarf es aber einer Reife, die nicht mehr nur in einem vielfältigen Wissen zu suchen und zu finden ist, sondern viel mehr in unserer Fähigkeit der Hingabe an die Aufgaben und Ideale, die sich die Gemeinschaft gestellt hat.

Ist diese Fähigkeit errungen, so werden wir auch die nötigen Hilfen bekommen, in unserem gesetzten Rahmen sinnvoll und fruchtbringend wirken zu können. Ist das nicht der Fall, so war unser bisheriges Bemühen trotzdem nicht umsonst. Denn es ist zumindest ein Keim gelegt worden und vielleicht wird dieser erst in einer ferneren Zukunft aufgehen. Das liegt dann nicht mehr nur an uns.

Doch ist auch festzustellen, dass gerade der geographische Raum unseres damaligen Wirkens dringend eines geistigen Impulses bedarf, damit lebensvolle und verjüngende Kräfte auf die Waagschale zu den heute dominierenden und schädlichen Tendenzen aus Technik, Verkehr und industrieller Landwirtschaft ausgleichend hinzukommen, um vielleicht eine größere Einseitigkeit zu verhindern, die sich in irgendeiner Form in späterer Zeit „entladen" müsste.

Die Welt bewegt sich in unseren Tagen verstärkt in der Polarität von Lichthaftem und Finsterem beziehungsweise in der von Himmel und Hölle. Wir Menschen stehen da in der Mitte und haben deshalb die Rolle des Vermittlers einzunehmen, da wir als selbstbewusste Menschen die Möglichkeit haben, geistige Kräfte verwandelnd in das natürlich-irdische und auch in die mit untersinnlichen Kräften geschaffene technisierte Welt zu bringen.

Als sich damals ein paar Menschen gefunden hatten, um in diesem Sinne zu wirken, war dies aber nicht möglich ohne die Hilfe und den Beistand wohlwollender Außenstehender. Eine solche Arbeit lässt sich nämlich nur durch die Unterstützung vieler durchführen. Daher meine Bitte an alle wachen Zeitgenossen, auch einen Beitrag für eine menschlichere Welt zu leisten, wenn er auch noch so klein und bescheiden erscheinen mag.

Unsere Aktivitäten hätten sich natürlich erst richtig vollziehen können, wenn auch für die existentiellen Bedürfnisse der Mitwirkenden gesorgt ist. Ein Programm konnte noch erscheinen und so waren wir für vielfältige Angebote und Dienste bereit.

Nun, wie eingangs schon einmal angedeutet, entwickelte sich die Gemeinschaft, nach einigen anfänglichen Projekten, mit den Wochen und Monaten merklich auseinander. Die biographische Entwicklung nahm für die meisten Teilnehmer eine andere Richtung an. Über die Gründe dafür ließe sich natürlich lange debattieren. Gewiss, man könnte daraus lernen, um es zukünftig besser zu machen. Viele einzelne Punkte wären da zu erwähnen, zum Beispiel die persönliche Reife, das mangelnde Umfeld, die Chancen für eine Verwirklichung oder die Angriffe gewisser „Drachenmächte" auf die inneren Kräfte, die das Zwischenmenschliche zusammenhalten.

Egal, eine Same wurde gesät und das ist entscheidend. Und vielleicht wird dieser in der Zukunft in irgendeiner Form mit neuen Gesichtern und Entwürfen auferstehen können. Dazu will dann das nächste Kapitel anregen und einen Beitrag leisten. Denn wir wollen ja nicht in einem Scheitern enden. Das Leben, es wandelt sich und nichts war umsonst und nichts geht verloren. So auch nicht unsere Ideale und Bemühungen.

Neue Zeiten erfordern neue Taten, jedoch, wir brauchen niemals von ganz vorne beginnen, denn wir können auf den Fundamenten früherer Zeiten neue „Wände, Türen, Fenster und Dächer" errichten, damit der lebendige Geist immer wieder eine Wohnstatt unter und in den Menschen finden kann.

Abschließend möchte ich noch den geistigen Ursprung der damaligen Bewegung erwähnen und anrufen. Und dabei vor allem die vielen Märtyrer, die im Namen der Liebe für die Gerechtigkeit und Wahrheit ihr irdisches Leben lassen mussten, als im 12. und 13. Jahrhundert Zehntausende Katharer, Templer und andere christliche Bewegungen von den dämoniserten Machtvorstellungen der Kirche in der Inquisition und von finsteren Herrschern verfolgt und systematisch ausgerottet wurden.

Doch das geistige Licht hat in Christus den Tod überwunden und so werden sich immer wieder Menschen erheben, für die Liebe zeugend und eintretend und so langsam wiederkehrend die Menschheit zum Heile führen.

Dazu ein Gedicht von Otto Rahn, das mehr sagt als viele Worte:

„Unter den wild überwachsenen Trümmern der heiligen Burg,
wenn der Schritt des Wanderers darübergeht,
noch immer die Harfen der Sänger zitternd aus der Tiefe tönen,
sternenweiter Wärme und der Tränen voll,
kündend von der unendlichen Melancholie und Sehnsucht
der Götter: deren Namen verweht, deren Tempel zerstört,
deren Volk hier in der Runde erschlagen und vergessen liegt,
harrend.
Des Tags, da ihr Tönen den Befreier, den Unbesiegbaren,
den Tod- und Hassbezwinger weckt.
Der die Erschlagenen ruft zur Wiederkehr,
auf dass sie abermals wandeln,
in goldenen Gewändern auf grünendem Feld,
singend, gesittet und gerecht,
der Liebe und der lachenden Güte voll,
Werke schaffend, herrlischer und gewaltiger als je zuvor.
Und über ihnen wieder königlich kreisend der Adler".

Otto Rahn

Und zur Überleitung für das nächste Kapitel, das den wirkenden Zeitgeist einbinden will, sei hier nochmals ein Spruch von Rudolf Steiner mitgegeben, der ein Ruf und eine Bitte ist an diesen erhabenen Geist, damit auch in schwieriger Zeit, das geistige Licht uns beleuchten möge:

„Sieghafter Geist
Durchflamme die Ohnmacht zaghafter Seelen,
entzünde das Mitleid,
dass Selbstlosigkeit,
der Lebensstrom der Menschheit,
wallt als Quelle
der geistigen Wiedergeburt".

Kapitel 4: Dem Zeitgeist entgegen

Soziale Integration

Einleitung

In diesem Kapitel soll es nun um Gemeinschaftsbildungs-Prozesse gehen, die dem heutigen Zeitgeist eine Möglichkeit geben, sich mit aufgeschlossenen Menschengruppen und deren Idealen verbinden zu können.

Da ist auf der einen Seite die geistig-spirituelle Ebene zu betrachten, zum anderen aber ein künstlerisches Vorgehen, denn ohne ein solches wird man eher zu gedankenlastig oder zu willenshaft agieren.

Die Aufgabe der Kunst es ja, eine Verwandlung des Natürlichen herbeizuführen, um dieses mit den ideellen Werten und geistigen Gesetzen in einen Zusammenklang bringen zu können. Dabei kann man mit den tradionellen Kunstsparten arbeiten und sich darin ein künstlerisches Feingefühl erwerben beziehungsweise seine schöpferischen Kräfte schulen.

Es kommt dabei aber nicht so sehr darauf an, etwas „Großartiges und Faszinierendes" zu produzieren, denn da gibt es mithilfe der Technik genug Möglichkeiten. Vielmehr geht es darum, dass gewisse schöpferische Räume erfüllt und bewohnt werden, unabhängig von den herrschenden Kunststilen und Meinungen.

Heute erschöpft sich das künstlerische Potential oftmals in elitären Nischen einer gewissen „Kunstszene" oder sie wird vermehrt dem Unterhaltungsbetrieb unterworfen. Andererseits machen wirtschaftliche Interessen manche Kunstwerke so teuer, dass da ein gesunder Realitätsbezug gänzlich verloren ging. Lebende Künstler müssen dagegen häufig am Rande des Existenzminimums ausharren, da ihre geschaffenen Werke dem zeitlichen Geschmack der Durchschnittsmenschen oftmals vorauseilen. Oder man produziert nur noch das, was der Menge gefällt.

Die breite Öffentlichkeit ist durch unsere Medienkultur und der Gewöhnung an die Konsum-, Wohlstands- und Sicherheitswelt leider wie besetzt für ein echtes künstlerisches Wahrnehmen und Betrachten und einem wirklichen Interesse für die Intentionen der Kunstschaffenden. Und der Staat fördert meistens auch nur das, was ihm genehm ist und mit dem er sich darstellen und brüsten kann.

Doch immer mehr Menschen fühlen in sich die Notwendigkeit des Ergreifens eigener schöpferischer Talente und Fähigkeiten, zunächst im Denken, Fühlen und Wollen, was schließlich einmal zu einer Verwandlung der einseitig materiellen Lebenshaltung, einer degenerierten Kunst und einer unlebendigen und geistlosen Religion hinführen wird.

Was nämlich in früheren Zeiten der religiöse Kultus für die Menschen bedeutete und heute oftmals verloren ging, das ist vor allem auch die Aufgabe eines künstlerischen Schaffens, denn die Kunst soll schließlich das schöpferische Reich der Himmel auf die Erde bringen können.

Kunst, die aus einer Verschmelzung mit dem zu bearbeitenden Objekt heraus entsteht, kann die Innen- oder wesenhafte Seite dieses Objektes beziehungsweise auch die der eigenen Innenwelten zur Darstellung bringen.

Dazu ist heute jeder Einzelne aufgerufen, seinen Anteil beizutragen, zumindest sich übend damit auseinanderzusetzen, damit eine Impulsierung der schöpferisch-geistigen Fähigkeiten beginnen kann. Es geht dabei zuvorderst um den künstlerischen Schaffensprozess selbst, also um das Erwerben neuer Fähigkeiten im kreativen Denken und Tun und erst in zweiter Linie um das Produkt.

Daraus kann ersichtlich werden, dass die Kunst letztendlich nur durch das Leben selbst erlernt werden kann. Was heutzutage vornehmlich als Kunst bezeichnet wird, kommt eher von einem Können. Gerne sagt man ja auch: Kunst kommt von Können. Doch das ist nicht ganz richtig, denn „Können" stammt vom Griechischen Wort technere, also von der Technik ab. Die braucht ein Künstler natürlich auch. Aber ein guter Techniker ist noch lange kein Künstler, denn das Wort Kunst bedeutet ethymologisch betrachtet: die Weisheit, das Wissen oder die Erkenntnis einer Sache wie auch einer inneren Erfahrung, die dann mithilfe einer Technik in der irdischen Stoffeswelt zur Erscheinung gebracht werden kann.

Zusammengefasst können wir somit feststellen, dass eine künstlerische Herangehensweise an die Aufgaben und Probleme unserer Zeit, eine Forderung des Zeitgeistes ist, daher der Titel zu diesem Kapitel. Über den Zeitgeist selbst wird in den folgenden Abschnitten noch etwas näher eingegangen, denn auch die spirituelle Seite soll in einem zeitgemäßen Kunstschaffen einen wichtigen Platz einnehmen können.

Somit kann die Kunst, zusammen mit einer zeitgemäßen Spiritualität, alle Lebensbereiche erweitern, von den musischen und bildenden Künsten bis hin zu einer Erziehungs-, Landbau- und Heilkunst, schließlich sogar bis zu einer Lebenskunst, die ihren Niederschlag in einem gesunden sozialen Organismus finden wird.

Ein gesunder sozialer Organimus entsteht in einem künstlerischen Sinne nicht mehr aus der Frage nach einer politischen oder sonstigen Weltanschauung, geschweige denn aus irgendwelchen Nationalismen, denn die Zukunft der Erde und der Menschheit steht auf dem Spiel und so sind politische und weltanschauliche Spaltungen und Parteienkonflikte keine wirklichen Optionen mehr. Denn wir haben alles Erdenkliche daran zu setzen, unseren Nachkommen eine Welt zu hinterlassen, in der sie so leben können, wie wir es für uns selbst auch in Anspruch nehmen wollen.

Vor allem ist dies ja auch eine gemeinschaftliche Aufgabe und so braucht es neben einer individuellen Verhaltensänderung, zum Beispiel im Bereich der Ökologie, zunehmend auch ein Umdenken in den sozialen Zusammenhängen, die durch ein künstlerisches, wie auch spirituelles Einfühlen neue Impulse bekommen können.

Daher möchte ich den folgenden Gedanken dieser Schrift ein reichhaltiges Echo und den Lesern eine anregnde Lektüre wünschen.

„Der Poet versteht die Natur besser als der wissenschaftliche Kopf -
je poetischer, je wahrer".

Novalis

Anthroposophie verstehen

Die Anthroposophie, die Menschenweisheit beziehungsweise dann auch die Weisheit des Menschen, möchte, so wie Rudolf Steiner diesen Begriff einmal erklärt hat, das Geistige im Menschen mit dem Geistigen im Kosmos verbinden. Es geht in der Anthroposophie also nicht um ein ideologisches Gedankensystem, sondern zunächst um das Erfassen eigener Gedanken- und Geistestätigkeit. Nicht vorgesprochene oder angelesene Inhalte sollen unsere Meinung wiedergeben, denn aus einer objektiven Wahrnehmung können wir Begriffe ableiten und daraus eigene Erkenntnisse und Ideen bilden. Um ein selbstständiges Erkennen handelt es sich und die bedarf einer wissenschaftlichen Methode der Wahrnehmungs- und Denkschulung.

So sind Steiners Inhalte aus seiner eigenen seelischen Wahrnehmung und Erkenntnisfähigkeit durch eine intensive Schulung hervorgegangen und ein nicht verinnerlichtes Zitieren von Steiner-Texten hat streng genommen noch wenig mit Anthroposophie, mit eigener Menschenweisheit zu tun.

Leider ist es der Fall, dass von Anthroposophen immer wieder Steiner zitiert wird, quasi als eine höchste Autorität, der man nur nachzufolgen hat. So ist es aber nicht verwunderlich, wenn die Menschen von so manchen Anthroposophen eher abgeschreckt werden. Dadurch wir leider ein zeitgeschichtlich sehr wichtiger Menschheitsimpuls übergangen.

Gerade in unserer Zeit sind viele Menschen auf der Suche nach einer wissenschaftlichen Erklärung der Rätsel unserer menschlichen Entstehung und unserer Zukunft, also nach dem Woher, Wozu und Wohin. Mit einer einseitig mechanisch-physikalischen Weltanschauung wollen und können sich viele Menschen nicht mehr zufrieden geben. Daraus ergibt sich, dass wir das eigene Erleben unseres Seins im Weltganzen ganz neu ergreifen müssen, denn auch die kirchlichen und biblischen Erklärungen und Bilder genügen dem heutigen Menschen nicht mehr wirklich. Auch ein mystisches sich nach Innenwenden und dies vielleicht sogar noch mit einer Abwendung von der Welt verbunden, ist nicht mehr im Sinne des wirkenden Zeitgeistes. Dieser erfordert ein selbsttätiges und erkennendes Tun aus den Nöten der Zeit und den Idealen für eine menschlichere Welt.

Das Erfahren des eigenen Ichs im Denken, Fühlen und Wollen lässt mich mit fortdauernder Übung erkennen, dass ich in diesem Ich nicht mehr einer Vergänglichkeit unterliegen muss. Dies als ein Herzensbedürfnis zu erfahren, ist ein Grundanliegen der Anthroposophie.

Nicht der Name Anthroposophie ist dabei wesentlich, sondern das eigene Erkennen und Tun auf dem Weg, den man selbstbestimmt beschreiten will. Rudolf Steiner fungiert hierbei nur noch als ein Wegweiser für den Einzelnen, aber auch für die heutige Zivilisation, da seine Erkenntnisse weit in die Zukunft, wie auch in die Vergangenheit hineinreichen. Davon können wir uns natürlich auch befruchten lassen, nicht aber im Sinne eines alleinigen Nachsprechens, sondern so, dass wir seine Schilderungen in unsere Seele aufnehmen, damit sie mit unserem eigenen Seelensein in eine tiefe Resonanz, in eine logisches Erkennen und vielleicht auch einmal zu eigenem Wahrnehmen seiner Forschungsergebnisse hinführen können. Zumindest können seine mannigfaltigen Anregungen in vielerlei Gebieten des menschlichen und gesellschaftlichen Seins zur Schulung des eigenen Denk- und Urteilsvermögens herangezogen werden.

Ein solches Arbeiten ist gerade auch in Gruppen sinnvoll und fruchtbar, wodurch verschiedene Gesichts- und Standpunkte unsere oftmals eng gewordenen Begriffe und Einstellungen erweitern können und wir vieles in neuem Licht betrachten lernen. Ein Spruch von Friedrich Hölderlich möge diese Gedanken verdeutlichen und zusammenfassen:

„Darum, weil ich frei im höchsten Sinne, weil ich anfangslos mich fühle, darum weiß ich, dass ich unzerstörbar bin".

Friedrich Hölderlin

Wehen der Geburt

Wenn mich das Leben trifft mit eisernen Schlägen,
wenn mich Mauern umzingeln
und Schmerz zehrt mir die Kraft:
Alte Formen zerspringen –
Gebrochen sein heißt Aufbrechen.
Neues will sich ergießen -
Raum ergründend, zukunftweisend.
Doch in welche Formen kann es sich ergeben?

Licht schimmert funkelnd durch die grauen Schleier.
Meine Sehnsucht – ist sie der Kelch mit labendem Trank?

Wann beginnt endlich ungeteiltes Leben bis zum Ganzen?
Und doch, es ist alles noch fern -
und von kurzer Dauer nur.
Ich zweifle, beneide, ringe und kämpfe -
mit mir selbst.
Und wieder nur Worte.

Zufrieden sein, mit dem was ist -
Nichts begehren, den Schmerz ertragen -
Mitleiden – so wie Er.
Ich kann es nicht.
Meine Ohmancht -
Und ich weiß, gerade diese wird getragen,
mitgetragen von Ihm.

Ich trinke den Wein der Sehnsucht nach Liebe
und schöpfe so aus dem Vollkommenen!
Doch bedenke: Die Freiheit des Anderen ist auch die Deine.

Verwandle meine Ohnmacht zu Strahlen der Hoffnung.
Verwandle meinen Schmerz in wärmende Liebe.
Verwandle meine Schwäche zu kraftvollem Glauben.

Leer und geöffnet wie ein Tal.
Ja, glauben, hoffen, lieben.
Es kommt der Tag, es kommt das Licht!
Ein neuer Morgen beginnt.

Vom Wesen der Kunst

Überaus zahlreich sind heutzutage die kulturellen Veranstaltungen wie Konzerte, Ausstellungen und Theateraufführungen, fast eine unüberschaubare Flut mit den unterschiedlichsten Richtungen und Intentionen. Oftmals steht der Laie diesem Kunstbetrieb eher passiv gegenüber, manchmal auch befremdlich, was sogar zu Abneigung, Erregung und Unverständnis gegenüber einigen dargestellten Werken führt.

Ist die Kunst folglich etwas, das nur noch den „Fachleuten" beziehungsweise den darin Gebildeten einsehbar ist und deshalb vor allem diesen zusteht, etwas darüber zu äußern?

Außerdem wird der etablierte Kunstbetrieb mehr und mehr als ein Geschäftszweig von professionellen Wirtschaftsleuten und Kapitalanlegern kommerzialisiert, das heißt in die Ebene des materiell geprägten Nützlichkeits- und Profitgedankens gezogen.

Dabei wird die Kunst sehr gerne auf ein „heiliges" Podest gehoben, vor allem für die „Bessergestellten", zum Anschauen und Hören; sie wird so zu einer Freizeit- und Aushängekunst, wobei der Kunstinteressierte zumeist recht passiv verbleibt und nach seinem subjektiven Empfinden urteilen kann: „Das gefällt mir oder auch nicht".

Wenn wir die Kunstgeschichte innerhalb unserer bekannten

Menschheitsentwicklung betrachten, fällt recht bald auf, dass die Kunst in früheren Zeit einen ganz elementaren Stellenwert in den verschiedensten Gesellschaften einnahm. Was jedoch der heutige Kunstbertieb darstellt, ist eher ein museales Abseitsstehen oder für den „goldenen Feierabend" geeignet; nicht mehr oft ist das künstlerische Gestalten, außer in dekorativen Elementen, in den Alltags- und Arbeitszusammenhängen sicht- und anwendbar.

Werden wir aber so der Kunst und den Kunstwerken gerecht? Und, was ist Kunst überhaupt und welche Aufgaben kann sie im individuellen wie auch im gesellschaftlichen Leben einnehmen?

Wenn wir in frühere Zeiten zurückschauen, können wir die Kunst hauptsächlich im Zusammenhang und im Dienste des Religiösen sehen und damit innerhalb einer Gefühls-, Empfindungs- und Gemüts-Erziehung der damaligen Menschen. Da hatte sie also eine sehr wichtige Aufgabe für die Gesellschaft. Davon aber hat sich die Kunst in der Neuzeit befreit. So gibt es auch keine Kunstrichtungen mehr wie die Renaissance, Klassik und so weiter. Sie hat sich in unseren Tagen individualisert. Jeder Künstler gestaltet daher nach eigenen, inneren Impulsen und Motiven.

Der Künstler und das kann ja im Grunde genommen jeder Mensch sein, bringt eigene Ideen und Vorstellungen in die Wirklichkeit. Sein Innenleben wird quasi in die Welt gepflanzt. Dadurch wird die Welt ein klein wenig eine andere.

Was nur Natur ist, erfährt durch den künstlerischen Menschen eine Verwandlung, in dem er im Stofflichen und Irdischen etwas Ideelles sichtbar macht. Damit wird der Mensch selbst zu einem Schöpfer.

In der äußeren Wahrnehmung verbirgt die Natur ihre innenliegende Gesetzmäßigkeit. Wir können durch eine sinnliche Betrachtung noch nicht das Wirkende erfahren und erkennen, nur das Gewirkte tritt im Sinnlichen in Erscheinung. Ein Künstler ist eher der Mensch, der das Werdende, das Wirkende und Schaffende, das dem Natürlichen zugrundeliegt, in seinem Werk zur Darstellung bringt. Und dies ist das innerlich Verbindende und Zusammenhängende beziehungsweise die Gesetzmäßigkeit und das Ideelle. Er verleiht damit dem Realen eine poetische Gestalt. Poesis heißt ja Schaffenskraft. Das was in der Natur verborgen wirkt, entdeckt der Künstler in sich als eigene Schaffenskraft, als Poesie.

Somit können wir auch von einer Ästhetik, einer Kunst der Sinneswahrnehmung sprechen beziehungsweise dann auch von einer Wissenschaft der Kunst, vor allem, wenn dem Kunstschaffen ein realer, notwendiger und wahrer Prozess zugrundeliegt. Das zum Ausdruck-Bringen der inneren Gesetzmäßigkeit, die innere Notwendigkeit, die im Sinnlich-Wirklichen hineinverzaubert ist, in die Sicht- oder Hörbarkeit zu bringen, ist schließlich ein Weg, der zur Schönheit hinführt.

Echte Schönheit kann ja nur entstehen, wenn sie auch wahr und gut ist. Eine Schönheit, die verdirbt und die aus Lügen und schönem Schein besteht, sie kann glitzern und glänzen und damit auch fesseln, sie wird den Menschen aber nicht zur Freiheit führen.

Somit ist die Kunst zutiefst mit dem inneren, mit dem moralischen und nach Erkenntnis ringenden Menschen verbunden. Damit ist hier ein Kunstbegriff gemeint, der in eine positive und menschlich gesunde Zukunft wirkt.

Das, was heute zumeist von wirtschaftlich-mächtigen Kreisen in den Massenmedien so alles an Schönheitsidealen aufgepauscht wird, kann hier also nicht gemeint sein. Hier geht es nämlich nicht um äußere Stile und Moden, sondern um einen Weg in und durch die Kunst, der den Menschen durch sein eigenes schöpferisches Gestalten verwandelt und zwar bis in das soziale Leben und in den Alltag hinein, damit die weitere Erd-Entwicklung im Sinne der Schönheit, in Schönheit weitergeführt werden kann.

Wollen wir die Kunst erklären und beschreiben, so müssen wir zuvorderst den ganzen Menschen betrachten. Dieser ist dreigliedrig aufgebaut. Wie schon Friedrich Schiller und später Rudolf Steiner erkannten, besteht für den Menschen eine Naturnotwendigkeit, der nach Schiller benannte Stofftrieb als Grundlage für das Willensleben, zudem der Vernunfttrieb als eine formende Kraft im Vorstellungs- und Denkleben und einem vermittelnden Fühlen zwischen diesen Polen, das er als den Spieltrieb bezeichnete. Diese drei Glieder des Menschen sollen hier schematisch zur Darstellung kommen:

Stofftrieb	Spieltrieb	Vernunfttrieb
Substanz	Begegnung	Form
Stoffwechsel-Gliedmaßen-System	Rhythmisches System (Atem, Herz, Kreislauf)	Nerven-Sinnes-System
Bauch (Wille)	Brust (Fühlen)	Kopf (Denken)

Diese Glieder haben eine Beziehung zum gesellschaftlichen Organismus im:

Wirtschaftsleben	Rechtsleben	Geistesleben

Der Bereich des Geisteslebens, der uns hier vor allem interessiert, ist wiederum untergliedert und zwar in die:

Religion	Kunst	Wissenschaften

wobei sie für den Menschen Wege sind zum:

Guten	Schönen	Wahren

Damit können wir recht gut erkennen, wie die Kunst in einem sozialen Organismus durchaus auch eine poltische Aufgabe hat. Das Gestalten und Verändern innerhalb einer Gesellschaft kann als ein künstlerischer Prozess wahrgenommen werden, der aber nur in der Wechselwirkung mit dem Wahren und Guten zum Schönen hinführen kann. Damit ergeben sich drei Arbeitsbereiche für den Menschen, nämlich die Arbeit an der Erde, an den menschlichen Beziehungen und die Arbeit an sich selbst.

Jeder wird ja aus Erfahrung wissen, welche Kunst es ist, um zwischenmenschliche Verbindungen in einer schönen Weise gestalten zu lernen.

Damit ist hier sehr kurz umrissen, welchen Platz die Kunst im individuellen und gesellschaftlichen Leben einnehmen kann.

Nun aber zum Kunstprozess selbst.. Wie erwerben wir diese schöpferisch-gestaltenden Kräfte, wo kommen sie her und was sind ihre Elemente?

Joseph Beuys hat diesen künstlerischen Akt und Prozess recht anschaulich dargestellt.

Wir haben den einen Pol im Menschen als Wille charakterisiert. Da wirken unterbewusste Kräfte in uns, deren grundlegendes Element für das Kunstschaffen die Phantasie ist. Der Sinnes-Nervenpol, der Formtrieb nach Beuys, ist der andere Pol mit dem ordnenden Element des Denkens. Hier werden allgemeine Ideen zu Vorstellungen individualisiert. Eine Vorstellung hat aber immer etwas Begrenztes, Festes und Todes, wenn man sie in ein Verhältnis zur lebhaften Phantasie setzt.

Der Wille, wie dann auch die Phantasie, ist aufbauend und zunächst richtungslos. Er erfährt erst eine Richtung durch das Denken. Der Künstler hat nun die Aufgabe, diese beiden Elemente miteinander zu verbinden, damit daraus ein ganz neues Element hervorgehen kann.

Als Schema sieht das foldendermaßen aus:

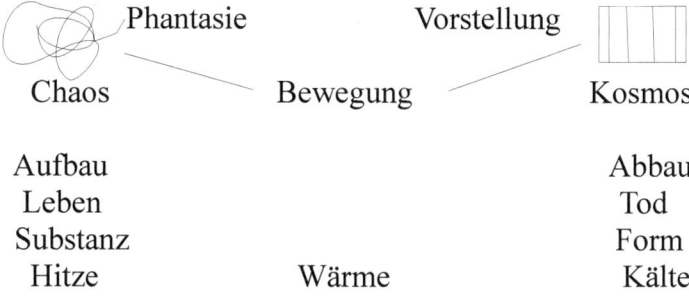

Phantasie	Vorstellung	
Chaos	Bewegung	Kosmos

Aufbau		Abbau
Leben		Tod
Substanz		Form
Hitze	Wärme	Kälte

Im Bewegen dieser Elemente entsteht in der Wechselwirkung von Phantasie und Vorstellung allmählich ein künstlerisches Werk. Zu viel Vorstellung, Form und Kopflastigkeit zeigt sich in manch abstrakten und formalen Werken, zu viel Phantasie, „Bauch" vergisst zu leicht das Ideelle und Objektive, es kommt nur noch zum „Austoben" des Künstlers.

Vorstellungskräfte erwerben wir durch ein sachlich orientiertes Denken, die sich durch eine hingebungs- und liebevolle Weise mit dem Objekt und damit auch mit dem zu bearbeitenden „Material" verbinden und dieses dadurch verlebendigen kann.

Die Phantasiekräfte, in der antiken griechischen Zeit nannte man sie wohl die Musen, sie beflügeln uns Menschen aus einer übersinnlichen Welt heraus, die wir bewusstseinsmäßig meistens noch nicht wirklich nachvollziehen können. Die Künstler wurden in früheren Zeiten noch stärker von den Musen inspiriert, die Kunst floß quasi durch sie hindurch, da sie mit den religiösen und spirituellen Welten in einem ekstatischen oder medialen Zustand zusammenklangen. In der Phantasie zeigen sich daher auch verjüngende und beflügelnde Kräfte, die aus dem Unbewussten heraufwirken und mehr eine lichthafte und lebensvolle Natur aufweisen, die aber auch einen luziferischen Einschlag besitzen.

Heute wird es jedoch immer wichtiger, gewisse Phantasiekräfte zu fördern, die aus einem Ringen und Durcharbeiten mit den Schwierigkeiten des Lebens erwachsen und damit aus den Todesprozessen heraus. Wie schon Novalis aussprach: „Aus Schmerzen wird eine neue Welt geboren", denn daraus entsteht ein Wärme-Element, das den Charakter der Wandlung in sich trägt.

Somit kann ersichtlich werden, dass die Kunst einen individuellen Schulungsweg beinhaltet. Daher muss es auch keine bestimmende Kunstrichtung mehr geben, jeder steht da auf einer persönlichen Stufe und was früher mehr von „Außen" durch die Musen in den Menschen einwirkte, muss heute mehr und mehr in seinem Innern errungen werden. Der Mensch wird damit selbst zur „Muse", zur eigenen „Kunst" beziehungsweise zu einem Kunstwerk. Und dies mit Hilfe der Kraft aus seiner Mitte, die Friedrich Schiller den Spieltrieb nannte. Ein Spielerisches, das die Gesetze der Schöpfung im Stofflich-Irdischen sichtbar werden lässt und in Schönheit erheben kann, ist das Ziel einer zukünftigen Kunst. Goethe nannte es: Das Reich Gottes auf die Erde bringen, oder in einem anderen Zitat von ihm: „Die Kunst ist die Priesterin der Natur".

Nun kann wohl mancher sagen: das alles ist doch sehr ideell und idealistisch, die Realität zeigt doch ganz andere Tendenzen. Jedoch, es wird hier eine Zukunftsaufgabe angesprochen, eine Möglichkeit, die im Wesen der Kunst selbst enthalten ist.

Ganz gewiss hat die zeitgenössische Kunst mit all ihren Arten und Abarten auch eine Berechtigung, zum Beispiel im Aufzeigen gesellschaftlicher Mißstände. Da muss sie auch provozieren können, denn die Künstler bezeichne ich quasi als das Herz eines Volkes und so stimmt es mich traurig, wenn sich viele Künstler von Kunstkritikern und Geldmäzenen beeinflussen lassen, indem, was gerade „in" ist und gemacht werden soll. Die Kunst ist schließlich ein Quell und die Quellen laufen nicht hinter den Strömen und Richtungen her, sondern rufen sie hervor!

Diejenigen, die der Kunst treu bleiben und sich nicht verbiegen und verkaufen, leben oftmals am existentiellen und gesellschaftlichen Rand. Sehr wenig wird überhaupt der geistige Wert der Kunst noch beachtet, da zeitgemäße Kunstwerke manchmal recht befremdlich auf die gewöhnlichen und traditionellen Einstellungen vieler Menschen wirken. So stellt man die Kunst lieber auf ein goldenes Podest, quasi als eine Alibifunktion, um sich nur nicht ändern zu müssen und dann auch nur diejenigen Werke, die letztlich keine allzu große Aussage besitzen.

Ein echtes Kunstwerk hat den Menschen in seinem Innersten anzusprechen, aber ihn auch zu hinterfragen oder in ihm als Kraftquell und Impuls zu wirken. Da zählt dann nicht mehr nur ein Gefallen oder Nicht-Gefallen. Der Betrachter soll in das schöpferische Werk einbezogen oder gar hineingezogen werden, um darin beim Anhören oder Anschauen des Werkes selber mitschaffen zu können und dies, indem er das Kunstwerk für sich und zu sich „sprechen" lässt. Was sagt es, was will es sagen? Was sagen mir meine Empfindungen und Gedanken beim Wahrnehmen eines Bildes oder eines Musikstückes?

Da gilt es zunächst, alle Vorurteile und Voreingenommenheiten beiseite zu lassen, sonst erfahren wir nur das, was wir selber hören oder sehen wollen und nicht das, was real vorhanden ist und vom Künstler erschaffen wurde.

Zudem sind ja manche Kunstwerke gar nicht mit dem Intellekt zu verstehen. Im Eintauchen in diese können sich innere Welten öffnen, neue Sehens- und Hörerlebnisse erschließen und da erst erfüllt die Kunst eine zeitgemäße Aufgabe, nämlich dass sie ganz neue Sinne bildet, die wir momentan vielleicht noch gar nicht haben.

Somit ist die Kunst nicht nur für eine gewisse Elite da, sondern für jeden, der bereit ist, sich ihr zu öffnen. Ja, sich öffnen können für die schöpferischen Kräfte, die in jedem Menschen veranlagt sind, das bietet uns allen gute Möglichkeiten für ein künstlerisches Tun und Schaffen.

Zum Abschluss sollen hier noch die einzelnen Kunstdisziplinen kurz umrissen werden. Da kann dann festgestellt werden, dass die Kunst nicht plan- und willenlos agiert, sondern von einer geheimen Ordnung durchdrungen ist, so wie diese auch dem Menschen mitgegeben ist. Es besteht nämlich eine innige Verbindung der einzelnen Kunstdisziplinen zu den Leibes- und Seelenhüllen des Menschen. Daraus kann ersichtlich werden, welch heilenden und therapeutischen Charakter die Kunst hat, zum Beispiel in der Pädagogik, Medizin, in der Sozialtherapie wie überhaupt in allen Bereichen des alltäglichen und sozialen Lebens.

Es folgen die Zuordnungen der einzelnen Künste zu den Wesensgliedern des Menschen:

Architektur – die Gesetze des physischen Leibes werden in den Raum projiziert. Der physische Leib ist aus Raumeskräften gestaltet, so wie sie im Kosmos walten.
Physischer Leib ----⟹ Welt

Bildende Künste

Plastik – Formende Lebensbildekräfte gestalten Stoffliches. Das Prinzip der Pflanze. Kräfte des Ätherischen sind die Beleber des Physischen.
Ätherleib -------⟹ physischer Leib

Malerei – die Farbe drückt seelische Empfindungen im Lebendigen aus. Es werden objektive Weltenkräfte im Lebensleib eingedrückt.
Astralleib ---- ⟹ Ätherleib

Soziale Kunst   **Lebenskunst** – Begegnung von Ich zu Ich.
Das Gespräch im empfindenden
und denkenden Menschen.
Ich ----- ⟹ Ich (Du)

Musik – Tönendes durchströmt in der
Empfindung das Gemüt und das
Bewusstsein des Menschen.
Ich ----⟹ Seele

Musische
Künste

Sprache, - höheres Geistiges bewegt das Ich
Dichtung und formt es.
Geistselbst ----⟹ Ich

Bewegungs - geistiges Leben durchdringt
kunst alle Wesensglieder des
Menschen. Urbildhafte Gesetz-
mäßigkeiten offenbaren sich im
Raum
Sternenkräfte ----⟹ Erdenkräfte

Aus diesen sieben Grundqualitäten setzen sich alle weiteren
Kunsterscheinungen zusammen und durchdringen sich mehr oder
weniger, zum Beispiel im Theater. In dieser Abhandlung sollten
nur die Grundcharaktere angedeutet werden. Die bildenden Künste nähern sich dabei vermehrt dem Stofflichen, die musischen
Künste dem Geist und die Mitte bildet auf dem Schauplatz der
menschlichen Seele die Menschenbegegnung als ein verwandeln-
des künstlerisches Kreieren und daraus hervorgehend der Mensch
selbst als ein „Kunstwerk", wenn er sich in Freiheit und Liebe
diesem sozialen Miteinander und Ringen widmen will. Eine
soziale Kunst ist es ja, wenn in Menschengruppen und Gemeinschaften sich die einzelnen Teilnehmer ganz öffnen können, weil
sie spüren, dass sie von allen in ihrem Sein und Wesen ange-
nommen und verstanden werden. Jegliches Kritisieren und Abur-
teilen muss dazu vermieden werden.

„Das große Geheimnis ist allen offenbar und bleibt ewig unergründlich.

Aus Schmerzen wird eine neue Welt geboren und in Tränen wird die Asche zum Trank des ewigen Lebens aufgelöst.

In jedem wohnt die himmlische Mutter, um jedes Kind ewig zu gebären. Fühlt ihr die süße Frucht im Klopfen eurer Brust?"

Novalis

Freiheit und Liebe

- eine aphoristisch-meditative Betrachtung

Eine sittlich-moralische Tat kann nur meine eigene Tat sein.

Als frei erlebe ich mich im liebevollen Tun.

Was wir in Liebe tun, lässt uns frei.

Eine freie Tat ist immer eine sittlich-moralische Tat.

Ein Ideal ist die individuelle Formulierung sittlicher Motive.

Freiheit ist ein Ideal, Ideale fördern Freiheit.

Sittliche Motive erlangen wir durch moralische Phantasie.

Moralische Phantasie ist das in der Gegenwart aufblitzende Zukünftige, das wir zu einem Ideal erheben.

Freiheit ist die Bestimmung des Menschen durch sich selbst.

Freiheit zu erringen, bedingt die erkennende Bejahung der Wahrheit, sowie der Wesens- und der Schicksalsnotwendigkeit.

Freiheit unf Liebe bedingen sich.

Kann ich das, was ich tun will, mit und in Liebe tun?

Die Liebe ist das höchste Denken.

Lebendiges Denken besitzt Wärmecharakter als eine Willensqualität und führt zum Erkennen der Wahrheit.

Die Wahrheit ist die Wurzel der Liebe.

Wahrheit, Schönheit, Güte:

Die Wahrheit ist ein Erfassen des wirklichen Wesens durch das Denken.

Schönheit ist ein Erleben der Verschmelzung oder Einswerdung von Wesen und Erscheinung.

Güte ist ein zum Ausdruck-Bringen des wirklichen Wesens in der Tat, ist ein Ausüben der erfassten sittlich-wesenhaften Wirklichkeit.

Liebe kann nur auf dem Boden des Schmerzes entkeimen.

Der tiefste Schmerz gebiert die reinste Menschenliebe.

Freiheit erringt man für sich. Liebestaten bereiten der Freiheit der anderen den Weg.

Wahrhaftiges Denken, Schönheit und Reinheit im Fühlen, Liebe und Güte im Tun, führen die Seele zum Geist des „Ich bin".

Die neuzeitliche Zivilisation macht einen Todesgang durch.

Wird eine Auferstehung folgen?

Der Todesgang der Menschheit durch die Materie im intellektuellen, mechanistischen Denken, im persönlich verhafteten Fühlen und im egoistischen Wollen macht erst ihre Freiheit möglich.

Die Möglichkeit der Auferstehung ist durch Christus gegeben.

Er überwand den Tod.

Christus hat keine „Dozenten" angestellt, sondern Nachfolger.

Er ist der Geist, der uns selbst als freie Individualitäten in der Welt erkennen lässt und uns miteinander verbindet.

Er ist das Wesen, das uns seit dem Urbeginne begleitet und in die Zukunft hinein in uns als schöpferische Kraft zur Entfaltung kommen kann – in der freien und liebevollen Hinwendung zu ihm. Wir haben die Freiheit der Entscheidung!

„Wer das Böse in seiner Widergöttlichkeit erkannt hat, der hat Gott am tiefsten erkannt.

Wer das Böse in seiner Gottferne erfühlt hat, der weiß am besten, was Liebe ist.

Wer das Böse im Auflehnungstrotz heftig gewollt hat, in dem können sich unerhörte Kräfte binden, Gutes zu tun.

So will das Böse im stärksten Sinn entwickelnd wirken auf Geist, Gefühl und Wille des Menschen".

Friedrich Rittelmeyer

Bloß ein Traum?

In diesem Abschnitt werden Gedanken mitgeteilt, die uns Rudolf Steiner mitgegeben hat und die für unser Thema ganz zentral sind:

„Der Welt gegenüber ist der Mensch ein träumendes Wesen, wenn er nicht auf den Geist achtet, der in ihm wirkt. Dieser weckt im eigenen Innern webende Seelenkräfte zur Anteilnahme an der Welt.
Mensch, schaust du in die Welt, so erkennst du auch dich selbst!

Wer sich kennenlernen will, der sollte den Blick schärfen können für das, was in ihm lebt, da es auch im anderen Menschen hervortritt.
Solange dieses Selbsterleben fehlt, geht man an dem Erleben des anderen vorüber, ohne es in der richtigen Weise zu sehen.
Mensch, schaust du in dich selbst, so erkennst du auch die Welt!

Es kann aber dieses Fühlen durch das eigene Erleben so gefesselt sein, dass es für den anderen nichts mehr übrigbehält. Streben nach Selbsterkenntnis treibt nur allzuoft zu einer besonderen Form des Egoisimus.
Schaue ich einem Menschen in die Augen, so leuchtet mir eine Unendlichkeit; höre ich einen Menschen sprechen, so höre ich nicht nur den physischen Ton, sondern es erklingt das göttlich-geistige Wesen seiner Seele.
So wie wir eine Farbe empfinden können, werden wir im sich Äußern der menschlichen Seele die göttlich-geistige Natur empfinden und erleben als unsterbliche Wesenheit, als freie Individualität im „Ich bin“.
Im Wahrnehmen dieses Innersten des Menschen können wir uns so verhalten, wie wenn die ganze Menschheit eine große Familie ist. Daher ist die Lösung der sozialen Frage einfach gegeben in der Anerkennung der göttlich-geistigen Natur des Menschen“.

Von allen Menschen fügtest du den größten Schmerz mir zu –
von allen Menschen sollest du mir der liebste sein ...

124

Soziale Kunst

Die soziale Kunst ist eine Kunst der Mitte, des mittleren Menschen und damit des Herzens. Ihr vornehmstes Mittel ist das Gespräch.

Aber nicht ein alltägliches Gerede oder Diskutieren ist damit gemeint, sondern ein meditatives Verweilen in den Worten und Gesten der Anwesenden. Zuhören, hineinlauschen in die Gedanken, in die Gefühle und in den Willen, der hinter den Worten wirkt, bringt mich dem „Gegenüber" näher. Ich „wachse" beziehungsweise ich „schlafe" in den Anderen ganz hinein und erfahre so seine inneren Intentionen. Doch dann muss ich auch wieder zurücktreten, zu mir kommen, um das Erfahrene für mich einordnen und verstehen zu können.

Das Gespräch gleicht so einem Atemprozess: ich „schlafe" in den Anderen hinein – Ausatmung, ich wache wieder in mir auf – Einatmung. Schließlich kann sich daraus sogar eine Art kultischer Handlung entwickeln.

In dem Buch: Die Dreigliederung des sozialen Organismus, habe ich vier kultische Strömungen erwähnt, die den Raumesrichtungen des Ostens, Westens, Südens und Nordens zugeordnet sind. Ein sozialer Kultus könnte darin nun die Mitte bilden. Er ist somit der „Kern" alles Kultischen und sein Ziel ist die Verbindung der teilnehmenden Menschen mit dem Göttlichen, so wie dieses allen kultischen Strömungen zugrundeliegt.

Doch diese soziale Kunst will erübt werden. Die Gedanken und die Gefühle darin sollen rein und edel sein. Alles Äußerliche und Alltägliche soll möglichst vermieden werden, damit eine kultische Stimmung und Andacht Einzug finden kann. Die Gruppen- und Gesprächszusammenkünfte sollten daher Themen wählen, die spirituelle Fragen, Begriffe und Aufgabenstellungen in den Mittelpunkt der anwesenden Teilnehmenden in der Runde stellen. Alles Weitere wird sich in einem sozialen Prozess ergeben.

Jeder, der sich achtsam beobachtet und einen inneren Impuls verspürt, soll diesen äußern. Die anderen Teilnehmer nehmen diesen in sich auf und spüren, was dieser in ihnen selbst auslöst. Dann wartet man, ob von irgendeinem Teilnehmer ein bestätigender oder erweiternder Gedankengang hinzukommen will.

Nach einer gewissen Zeit wird sich ein erweitertes Bild der anfänglichen Thermatik ergeben und die Gruppe hat sich dadurch innerlich so bewegt und aufgeschlossen, dass der geistige Inhalt dieser Anfangsthematik und Frage sich bemerkbar machen konnte. Und so kann sich allmählich eine Gemeinschaft heranbilden, die immer mehr im Geistigen miteinander verbunden ist. Daraus können sich in der Folge fruchtbare Impulse und Initiativen entwickeln, die allen zugute kommen.

Zur inhaltlichen Seite eines Gespräches, muss aber auch eine entsprechende Form gefunden werden, denn die Kunst ist es ja, die gemeinsamen Inhalte solange zu bewegen, bis sie eine Form finden können, in der die erarbeiteten Inhalte klar und deutlich zum Ausdruck kommen. Wenn der Inhalt mit der Form übereinstimmt, so empfinden wir das als schön.

Eine äußere Form beziehungsweise ein äußerer Rahmen für eine kultische Zusammenkunft im Gespräch und in der Stille, wie auch in einer künstlerischen Ausgestaltung, sollte sich die Gruppe gemeinsam erarbeiten. Gedichte oder Musik am Anfang sind gut für eine Einstimmung, auch zum Abschluss ist ein künstlerischer Beitrag segensvoll. Aber nichts sollte dabei durch einen Zwang geschehen. Alles darf mit Freude und einer schöpferischen Phantasie ausgestaltet werden.

Ein zeitlich-rhythmisches Zusammenkommen ist ebenfalls ratsam, da sich bestimmte Lebenskräfte und Geistwesen damit besser verbinden können. Sodann darf probiert, erlauscht und erlebt werden. In solcher Weise getätigte spirituelle Zusammenkünfte tragen verbindende Kräfte in sich, da die spirituelle Welt zugegen sein kann und in diesen Welten gibt es letztlich keine Trennungen. Wir sind da immer mit allem verbunden. Dies zu erfahren, ist letztlich eine Herzenssache.

Neue Herzens-Qualitäten erwachsen daraus, die in heutiger Zeit bitter nötig sind. Darauf will ich hier zutiefst hinweisen, denn das achtsame und liebevolle Gespräch soll schließlich auch den

Kopfmenschen mit dem Herzmenschen in Einklang bringen können.

Wohlan, so lasst uns zusammenkommen, zusammenfinden und uns austauschen, vor allem in würdiger, achtsamer und respektvoller Weise. Dadurch wird sich mit der Zeit über oder auch in der Gemeinschaft die geistige Welt offenbaren können – in welcher Form und mit welchen Impulsen auch immer.

Ein sozialer Kultus bedingt eine soziale Kunst. Zumeist sind wir ja im Sozialen noch keine großen Könner. Darum ist es ganz besonders wichtig, dafür neue Möglichkeiten und Formen zu finden und zu kreieren, die diesem Ansinnen gute Erkenntnisse und einen reichhaltigen Segen bringen können.

Im Anschluss an ein solches Treffen darf sich die Gruppe noch gerne zu persönlichen Aktivitäten und Gesprächen zusammenfinden. Ein gemeinschaftlicher Ausklang und die inhaltliche Aufgabenstellung und Vorbereitung für das nächste Treffen darf noch hinzukommen, denn erst dann ist die gemeinsam verbrachte Zeit beendet.

Als Weiteres kann hier noch angeraten werden, auf einen Nachklang eines solchen Treffens zu achten. Denn dieser wird wohl für jeden verschieden sein. Doch die Erkenntnisse daraus können beim nächsten Treffen, am besten schon zum Beginn, von den Anwesenden geschildert werden. So bräuchten wir auch nicht immer von ganz vorne beginnen, denn wir schließen damit an das letzte Treffen an. Ein organisches Wachsen kann vonstatten gehen. Ein sozialer Prozess muss langsam wachsen können, damit daraus einmal ein soziales Kunstwerk hervorgehen kann.

Aber nicht nur das Gespräch bietet eine gute Möglichkeit für ein spirituelles Treffen und Zusammensein. Gemeinsame Lieder, phänomenologische Betrachtungen, Hör- und Farberlebnisse, alle Sinneseindrücke können dazu dienen, mehr Aufmerksamkeit auf das zu lenken, was hinter den Sinnen sich kundgeben will.

Geist und Materie sind die zwei Pole, die durch ein künstlerisches Einfühlen miteinander verbunden werden können. Wenn sich das Geistige, das Ideal in eine sicht- oder hörbare Form ergießt, worin dieses in schöner Weise ausgedrückt werden kann, so offenbart und zeigt sich darin ganz allgemein gesehen, der künstlerische Prozess in seiner urbildlichen Weise.

Eine Kunst ist es ja, verschiedene Standpunkte und Gegensätze so lange mit- und ineinander zu bewegen, bis darin eine höhere Gesetzmäßigkeit sichtbar werden kann. Viele verschiedene Standpunkte erweitern die eigenen Sichtweisen. Eine umfassende Sichtweise, die alle einzelnen Positionen integrieren kann, ist schließlich Sinn und Ziel eines solchen Kultus. Denn erst in dieser umfassenden Sicht wird sich der Geist der Wahrheit, der heilige Geist offenbaren können.

Hingabe, Ehrfurcht, Achtsamkeit, Demut und Bescheidenheit, aber auch Mut und Tatkraft, sowie Dankbarkeit, Vertrauen und Liebe zwischen den Menschen und der göttlichen Welt, bereiten den Boden, in den die göttlichen „Samen" eingebracht werden können. Freude, innere Ruhe, Friede, Liebe, Weisheit, Güte und Freiheit erwachsen daraus. Darin sind wir mit dem Göttlichen verbunden – eins.

Auf diesem Wege dürfen wir einen Gedanken nicht vergessen, den uns Friedrich Schiller in seiner feurigen und wahrheitsstrebenden Art hinterlassen hat, nämlich den Satz:

„Nur durch das Morgentor des Schönen dringst du in der Erkenntnis Land".

Also dürfen wir bei allen unseren Unternehmungen das Schöne nicht aus den Augen verlieren, denn die Schönheit wird einmal die Welt erretten. Gemeinschaften, in denen die Sinne für das Schöne und dann auch für das Wahre und Gute gepflegt werden, haben gute Voraussetzungen, den Stürmen und Abgründen unserer Zeit etwas besseres entgegensetzen zu können. Denn darin wirkt ein guter Geist. Diesem sollten wir vertrauen und dankbar sein, auch in den Prüfungen und Anfechtungen, die mit und auf einem spirituellen Gemeinschafts-Weg auftreten werden.

Gemeinschaften, die aus dem Geist heraus geschaffen und gepflegt, mit Geduld gebildet und erbaut werden, können zu Keimzellen einer neuen, einer zukünftigen Kultur heranreifen.

Sonnen-Orte im Erdensein

Unsere Zivilisation ist sehr einseitig aufgestellt, da sie hauptsächlich auf die irdischen Bedürfnisse und deren Befriedigung ausgerichtet ist. Das, was in früheren Zeiten das religiöse Streben bewirkte, also eine Hinwendung zu jenseitigen und himmlischen Sphären, braucht heute dringend neue Formen und Möglichkeiten. Ohne eine spirituelle Neu-Orientierung wird die Menschheit im Materialismus versinken. Denn ein einseitiger Materialismus, wie dann vor allem auch noch im viel extremeren Transhumanismus, beschwört die Todeskräfte verstärkt hervor, die Lebenskräfte dagegen schwinden mehr und mehr.

Das Leben kommt von der Sonne, ohne Sonne gäbe es kein Leben auf der Erde. Im Licht, in der Wärme, im Klang und in den Gestaltungskräften offenbart sich dieses Sonnenleben auch im Dasein des Menschen. Dabei ist die Sonne nicht nur im Himmelskörper zu finden, denn die Sonnenkräfte durchwirken alles Sein; sie bestehen also aus einem Zentrum, der sichtbaren Sonne und dem weiten Umkreis. Daher ist das Symbol für die Sonne ein Kreis mit einem Punkt in der Mitte ⊙ .

Dieses Symbol kann dann auch als ein Bild für neue Gemeinschaften verwendet werden. Die Gemeinschaft versammelt sich im Kreis um ein inneres Zentrum. Nicht mehr nur blickt die christliche Gemeinde zusammen auf einen Altar, an dem der Priester wirkt. Das neue Zentrum der Aufmerksamkeit bildet sich sonnenhaft in der Mitte aus, wenn die Gemeinschaft etwas in diese Mitte hinein zentriert, was für sie von Wichtigkeit ist.

Unser Verein, der sich vor 33 Jahren zum Ziel gesetzt hatte, eine Erneuerung der gesellschaftlichen Notwendigkeiten im Bereich des Sozialen und Ökologischen herbeizuführen, ist nicht nur an zwischenmenschlichen Diskrepanzen gescheitert, sondern vor allem daran, weil sich in den zwei Jahren des Zusammenfindens kein gemeinsamer Kern, kein spirituelles Zentrum herausgebildet hat.

Eine spirituelle Gemeinschaft wird etwas Verehrendes, etwas

Heiliges und zu Erringendes in diese Mitte stellen. Dieses kann sich dann zum Kern, zum inneren Zentrum der Gemeinschaft herausbilden. Das können Ideen, Ideale oder geistige Wesenheiten sein, denen sich die Gruppe zuwenden will und auf die sie ihre Aufmerksamkeit hinwendet.

Dabei ist es gut, wenn die Qualitäten der Sonne, also das Licht, die Wärme, der Klang und etwas Lebendiges einbezogen werden. Eine Kerze und Blumen in der Mitte, ein Lied oder etwas Klingendes zur Einstimmung und dann dürfen von jedem Einzelnen die inneren Licht-, Liebe, Klang- und Lebenskräfte in dieses Zentrum strömen und dies in Anerkennung, Ehrfurcht und Hingabe an die Sonnenkräfte, die wir ja auch in uns tragen.

Dadurch entstehen mit der Zeit, gerne auch an mehreren Orten, kleine Sonnen-Oasen, die aber nicht für sich selbst bestehen sollten. Denn die Sonne strömt aus, sie verschenkt ihr Licht und ihre Wärme und schafft damit überall ein neues Leben, so wie das in der Natur im Frühling zu sehen ist, wenn die Sonnenkräfte wieder zunehmen. Spirituelle Gemeinschaften sind demzufolge nicht für sich selbst da. Sie dienen einem höheren Leben, dessen höchster Vertreter in unserer Kultur die Christus-Wesenheit genannt wird.

Diese Sonnenkräfte und Wesen brauchen wir im Erdensein, um nicht gänzlich den irdischen und untersinnlichen Mächten zu verfallen. Die Geister der Finsternis, die heute verstärkt ins Erdensein einwirken und die Menschheit in ihren Bann ziehen wollen, sie können nur durch die Kräfte des Lichts in Schach gehalten werden.

Darin haben spirituelle Gemeinschaften ihre Aufgabe und ihre Legitimation. Geistige Wesen, vor allem der Sonnenerzengel Michael, der Drachenbesieger, kann uns hier beiseite stehen. Da wo Licht ist, kann keine Dunkelheit bestehen, zumindest auf Dauer gesehen. Auf die Kräfte des Sonnenhaften, auf das geistige Licht dürfen wir hoffen und vertrauen und dieses in die Welt, zu den Menschen bringen, dann machen spirituelle Gemeinschaften in sonnenhafter Weise einen Sinn, denn sie sind nicht zum Selbstzweck, zur spirituellen Erbauung für sich selbst da. Der Zeitgeist

Michael fordert von jedem Einzelnen eine Entscheidung: entweder man lässt sich treiben im „Mainstream" aus Genuss, Bequemlichkeit und Eitelkeiten oder man entschließt sich, vom Raupenstadium zu einem Schmetterling, zu einem lichthaften Sonnensein sich zu wandeln.

Die Scheidung der Geister vollzieht sich in unseren Tagen mehr und mehr. Ein apokalyptisches Ausmaß wird immer sichtbarer. Die Geister der Finsternis haben in unseren Tagen ihre Wirkenszeit auf der Erde. Doch die Posaunen-Engel rufen zur Inwendung und Umkehr auf. Und eine Schar von Getreuen versammelt sich um das kosmische „Lamm", das sich immer wieder opfert, damit es mit uns Menschen überhaupt noch weitergehen kann.

Christus ist unser Ziel. Er ist die geistige Sonne, die im Erdensein und auch im Menschen eine Wohnstatt bereiten will. Sein Geist erschafft, erhält und erneuert alles Dasein im kosmischen All. In unseren Herzen ist er zu finden, wenn wir die Schalen und Krusten, die sich oftmals um das Herz gebildet haben, durchdringen können. Mit Michael schaffen wir das. Er ist die Schwelle zu diesem inneren Herzens-Sonnenraum. Er steht da, wo die Tiere aus dem Abgrund aufsteigen. Und er hält eine Waage in der Hand, wodurch gesehen werden kann, welchem der beiden Tiere wir uns vermehrt ausgeliefert haben. Das Tier aus dem Meer, das die Selbstsucht steigert und das Tier aus der Erde, das im Materialismus und in der Lüge verhärtet, sie müssen durchschaut und gebändigt werden, damit der Weg frei werden kann in ein geistiges Sonnensein, das wir gemeinsam anstreben dürfen.

Die Sonne will für alle scheinen. Öffnen wir uns für ihr Licht und ihre Liebe, so kann sie in uns zu wirken beginnen. Nicht an einen physischen Ort ist sie dabei gebunden. Sonnen-Oasen können überall im Geiste entstehen, wenn sich Menschen in innerer geistiger Verbundenheit einem gemeinsamen Ziel widmen und weihen wollen.

Heute geht es vor allem darum, dieses geistige Licht, diese geistigen Sonnenkräfte durch die Finsternisse unserer Zeit hindurchtragen zu wollen, bis auch wieder Zeiten erstehen können, in denen dieses Liebes-Licht an vielen irdischen Orten, in Bauwer-

131

ken und gerechten Gesellschaftsstrukturen sichtbar werden kann. Daher dürfen wir uns bewusst werden, dass das Zusammenkommen und -arbeiten innerhalb solcher Sonnen-Oasen etwas ist, das pionierhaft für eine zukünftige Zeit die Vorbereitungen trifft. Nicht so sehr darauf kommt es an, dass wir heute schon erfolgreich sind mit derartigen Bemühungen, sondern dass wir Keime pflanzen und pflegen für eine zukünftige Zeit. Sind unsere Absichten rein und aus ganzem Herzen gewollt, so werden daraus einmal reiche Früchte hervorgehen können.

Dazu verhelfe uns der Zeitgeist Michael, der alle guten Impulse sammelt, damit sie zu gegebener Zeit in das Irdische eingebracht werden können. Rudolf Steiner hat ihm dafür einen Spruch gewidmet, die sogenannte Michael-Imagination, die ich hier zum Abschluss wiedergebe:

„Sonnenmächten Entsprossene,
leuchtende, weltenbegnadende Geistesmächte,
zu Michaels Strahlenkleid
seid ihr vorbestimmt vom Götterdenken.

Er, der Christusbote,
weist in euch menschentragenden, heiligen Welten-Willen;
Ihr, die hellen Ätherwelten-Wesen,
tragt das Christuswort zum Menschen.

So erscheint der Christuskünder
den erharrenden, durstenden Seelen;
ihnen strahlet euer Leuchte-Wort
in des Geistesmenschen Weltenzeit.

Ihr, der Geist-Erkenntnis Schüler,
nehmet Michaels weises Wirken,
nehmet des Welten-Willens Liebe-Wort
in der Seelen Höhenziel wirksam auf".

Spirituelle Gemeinschaftsformen

An vielen Orten entstehen Initiativen, die sich für neue Formen des Gemeinschaftsleben interessieren. Die darin beteiligten Menschen sind vor allem an einer ökologischen und sozialen Wandlung ihres bisherigen Lebens ausgerichtet.

In spirituellen und religiösen Gemeinschaften geht es hauptsächlich um das eigene Seelenheil der einzelnen Mitglieder. Oftmals unterstellen sich diese darin einem höheren Prinzip, das von einer höheren Lehre oder von begnadeten Menschen ausgehen kann. Dabei wird ein großer Wert auf eine gemeinsam zu erreichende Seelenstimmung gelegt, die zum Beispiel über Lieder, Mantren, Chantings und Gebeten erreicht werden kann. Alle Teilnehmenden sollen dadurch in einen sogenannten „Flow" kommen, der sie miteinander verbindet. Darin zeigt sich im Endeffekt eine Sehnsucht nach Einheit, die vor allem Menschen innehaben, die der Weltanschauung beziehungsweise dem Standpunkt des Monadismus nahestehen, der immer nach der Einheit in allem strebt.

Die zwölf Weltanschauungen kann ich hier nur kurz erwähnen, da ich sie in früheren Schriften behandelt habe. Hier sind sie als Gegensatzpaare mit den zugehörigen Tierkreiszeichen angeführt:

Idealismus (Widder) – Realismus (Waage),
Rationalismus (Stier) – Psychismus (Skorpion),
Mathematismus (Zwillinge) – Dynamismus (Schütze),
Materialismus (Krebs) – Spiritualismus (Steinbock),
Sensualismus (Löwe) – Pneumatismus (Wassermann),
Phänomenalismus (Jungfrau) – Monadismus (Fische).

Als Urbild für eine spirituelle Gemeinschaft kann daraus folgend, der Kreis der 12 Jünger um Christus, um die geistige Sonne gesehen werden, so wie dieses urbildliche Prinzip auch bei den Rittern der Tafelrunde um König Artus in entsprechender Weise enthalten ist.

Jedoch, wie können zwölf sehr verschiedene Geisteshaltungen in einen Zusammenklang gebracht werden, da darin bestimmte, sich widersprechende Polaritäten enthalten sind und man nicht immer einen König, Meister oder Guru zur Verfügung hat, der die Runde zusammenhält?

Anderweitig könnten und wollen sich oftmals nur die Menschen zusammentun, die innerhalb einer „Weltanschauung" zusammenfinden und -passen. Dies bedeutet aber immer noch eine gewisse Einseitigkeit.

In jeder Weltanschauung spiegelt sich eine Wahrheit, die für den jeweiligen Standpunkt gilt, aber nicht darüber hinaus. Mit mathematischen Gesetzmäßigkeiten kann man zum Beispiel im Bereich der Psyche nicht viel anfangen.

Gibt es nun eine „absolute" Wahrheit, die alle Teilwahrheiten und Standpunkte vereinen kann?

Ja, die gibt es, nur müssen wir achtgeben, wo wir diese suchen wollen. Ein Bild dafür ist ein Kreis mit den 12 Standpunkten, wie entsprechend die 12 Stunden auf dem Ziffernblatt einer Uhr dies versinnbildlichen. Die Mitte, woraus die Uhrzeiger sich drehen, deutet dann hin auf diese nicht mehr wahrnehmbare, aber doch umfassende, alles enthaltende Wahrheit, von der alle Teilwahrheiten und Standpunkte ausgehen.

Ein anderes Bild zeigt sich im Urbild der christlichen Gemeinschaft, im sogenannten Pfingstgeschehen. Da strömt der Geist der Wahrheit quasi von oben herab auf die einzelnen Jünger und erfasst sie so, dass sie alle anderen „Sprachen" und Standpunkte verstehen. Da bildet die „absolute" Wahrheit eine Art Hülle oder Synthese für alle Teilwahrheiten und Einseitigkeiten.

Diese Form der Gemeinschaftsbildung erscheint mir dann auch die zeitgemäße zu sein, denn dabei wird nichts weggenommen von den einzelnen Standpunkten und Weltanschauungen. Sie werden anerkannt, auch in den jeweiligen Individualitäten, die diese Standpunkte vertreten, aber es kommt noch etwas hinzu, das „größer" und umfassender ist als die einzelnen Teilnehmenden mit ihren Standpunkten und persönlichen Wahrheiten.

Diesen umfassenden Geist nennt man im Christlichen den Heiligen Geist. Er wird von Christus angesprochen als der Geist der Wahrheit und der Erkenntnis, der uns frei machen wird. Diesen Geist gilt es demzufolge in spirituellen Gemeinschaften zu suchen. Christus sendet ihn uns zu.

Doch die Erfahrung zeigt auch immer wieder, dass die Beteiligten einer solchen Gemeinschaft es mitunter sehr schwer haben, von ihren individuell geprägten Standpunkten loszukommen, um dadurch in eine umfassende Geisteshaltung hineinkommen zu können. Dies gelingt ja nur, wenn sich die Einzelnen keinem bestimmten oder verordneten Postulat unterstellen müssen. Denn dadurch würde wiederum die persönliche Eigenart verlorengehen.

Insgesamt betrachtet, können wir diese neue Art der Gemeinschaftsbildung in einem Bild versinnbildlichen. Die „alte" Art bestünde darin, dass alle Teilnehmenden sich so lange innerlich aufeinander zu bewegen, bis sie einen gemeinsamen „Ton" gefunden haben. Jeder „summt oder singt" dann den gleichen Ton. Die neue Art bestünde für mich darin, dass jeder sein Eigenes, sein „Instrument" behält, wie in einem großen Orchester, aber man nach einer gemeinsamen Melodie sucht, worin jedes einzelne „Instrument" dafür eine Bereicherung ist. Diese gemeinsame Melodie entsteht aber nicht aus den einzelnen Instrumenten und ihren Spielern, denn sie kommt von einem Komponisten, der diese Melodie jedoch nicht nur in sich erzeugt und produziert. Viel eher nimmt er sie in sich wahr, denn er ist ja auch nur ein „Instrument", durch das sich eine höhere Melodie, zum Beispiel im und durch das Wirken des Zeitgeistes offenbaren will.

Jetzt kann ja die Frage entstehen, wer denn nun der Komponist in der neuen Gemeinschaft werden soll und kann. Diese ist aber ganz leicht zu beantworten, aber dann recht schwer durchzuführen. Denn jeder Einzelne kann etwas von der „großen Melodie" erfassen, wenn er eben nicht nur seinen Standpunkt vertritt, sondern hinlauschen lernt auf das, was der Zeitgeist, was das höhere Wesen, das sich über einer spirituell arbeitenden Menschengruppe formieren will, uns „zuflüstern" wird. Jeder in der Gruppe kann in diesem Fall zum Inspirator werden.

Eine Schulung jedes Einzelnen durch und in der Gemeinschaft soll die Fähigkeit des Lauschens erlernen, um allmählich erfahren zu können, was wirkliche Inspiration und was immer noch der persönliche Standpunkt ist.

Ohne Schulung und ohne Übung, um das Wesenhafte zu erspüren, so wie dies in einem umgekehrten Kultus versucht wird, ist es kaum mehr möglich, etwas Überpersönliches finden zu können.

Doch muss auch davor gewarnt werden, wenn allzuleicht irgendwelche übersinnliche Einflüsterungen geschehen, vor allem bei den offenen und gemüthaft-empfindenden Menschen, da wir diese nicht immer leicht durchschauen können, von welchen Geistern sie tatsächlich ausgehen. Da darf die ganze Gruppe sich an den einzelnen „Inspiratoren" messen, inwieweit sie schon so gereift ist, um auch ein Urteilsvermögen in übersinnlichen Sphären gewinnen zu können.

Rudolf Steiner sprach in diesem gemeinschaftlichen Zusammenhang des öfteren vom Aufwachen oder Erwachen am Seelisch-Geistigen des Anderen, das in der zwischenmenschlichen Begegnung stattfinden kann. Was kann damit gemeint sein?

Auf der psychologischen Ebene hält mir der Andere quasi einen Spiegel vor, er reflektiert mir, was ich in mir selbst noch nicht richtig wahrgenommen habe. Daran kann ich aufwachen. Das wäre ein seelisches Erwachen.

Ein geistiges Erwachen erfordert jedoch, dass ich den Geist im Anderen wahrnehmen lerne. Denn es ist ja nicht so, wenn ich dem Anderen tief in die Augen schaue oder ich seine Aura erspüren will, dass ich dann sein geistiges Wesen sogleich erkenne. Somit ist die Aussage des Erwachens am Seelisch-Geistigen des Anderen zunächst mit mehr Fragen verbunden, als mit einer einleuchtenden und eindeutigen Aussage.

Muss ich erst hellsichtig sein oder kann ich das Seelisch-Geistige beziehungsweise das innere Wesen des Anderen auch in seinen Ausdrücken und in seinen Verhaltensweisen wahrnehmen?

Ich denke nicht, dass man den Anderen nur lange genug anschauen muss, um an sein inneres Wesen heranzukommen. Viel eher sollte ein vertieftes Kennenlernen geschehen, das die vergangenen Prägungen, als auch die Wünsche und Sehnsüchte des Anderen wahrnehmen lernt. Gerade in dem, was in seinen Motiven und Idealen lebt, offenbart sich mir etwas von diesem seinem höheren Wesen. Das geschieht aber nicht in wenigen Zusammenkünften. Immer wieder müssen wir unvoreingenommen und vorurteilsfrei den Anderen in seiner jeweiligen Art zu verstehen suchen, ihn ganz in unser Inneres einlassen, wohlwollend und voller Verständnis, damit er sich mir gegenüber öffnen und offenbaren kann. Darin zeigt sich nämlich ein sozialer Prozess, der nicht ohne einen Liebewillen vonstatten gehen kann. Letztlich ist es ja die Liebe, die sehend macht für das, was im Anderen und dann auch in mir selbst leben will.

Herkömmlich wird ja gerne gesagt: die Liebe macht blind. Ja, das gilt für die persönliche, für die seelisch geprägte Liebe, die noch in einem Geben und Nehmen beruht und die im Anderen nur das sieht, was sie sich insgeheim von ihm wünscht und ersehnt.

Eine geistige Liebe will sich eigentlich nur verschenken, sie gibt sich ganz dem Anderen hin. Dadurch kann sie den Anderen erst wirklich wahrnehmen und erkennen. Die Geistes-Herzensliebe macht sehend, was der Verstand nicht sieht. Diese Ebene zu erreichen, bedingt in der Gemeinschaft einen Übungsweg, der nur in einem freiem Willen beschritten werden kann. Da sind wir zunächst alle Anfänger und Lernende. Die göttlich-geistige Liebe schenkt uns letztlich aber auch das Licht, mit dem wir das Umfassende und Wesenhafte erkennen können, das schließlich das Ziel und den Mittelpunkt einer spirituellen Gemeinschaftsbildung ausmachen kann.

Das geistige Licht und die göttliche Liebe als Ziel und Mitte einer Gemeinschaft gewählt, lässt diese Gemeinschaft mit andauernder Übung und mit viel Geduld wahrhaft zusammenwachsen. Daraus kann in der Folge ein Kraftquell erstehen, der auch auf die Umgebung heilend und inspirierend wirken wird.

Wir bilden eine solche Gemeinschaft nicht nur für unser eigenes Seelenheil. Das, was frühere Eingeweihte und Avatare an Geistigem auf die Erde brachten, können heute Gemeinschaften versuchen zu übernehmen, in dem sie sich gemeinsam zu einem zeitgemäßen Geistigen hinbewegen, um dieses wiederum in die Welt, in welchen Initiativen auch immer, einfließen zu lassen.

„Die Jugend ist die Zeit, Weisheit zu lernen, das Alter, sie auszuüben".

Jean-Jacques Rousseau

Ein Nachwort

Nun sind wir doch einen recht weiten Weg zusammen gegangen, der Schreiber dieser Zeilen mit Ihnen, dem lieben Leser, der diesen bisher mitgegangen ist. Damit entsteht bei rechter Anteilnahme und Wohlwollen ja auch schon eine Art Gemeinschaft, die sich zumindest in den Gedanken und in den Herzensbedürfnissen ausgebildet hat.

Allein schon, zu bestimmten Zeiten reine, lichtvolle und zukunftsweisende Gedanken zu denken, schafft ein geistiges Feld, das uns mit den fortschreitenden guten geistigen Wesen in eine nähere Verbindung bringen kann.

Um nun die Menschen finden zu können, mit denen man diese Gemeinschafts-Idee auf den Boden bringen kann, bedarf es weiterer Erwägungen, denn dies ist ja auch nicht ganz einfach. Denn dabei geht es nicht nur um meine persönlichen Wünsche, wie ich mir bestmöglich ein Leben in einer liebevollen Gemeinschaft vorstellen will. Dazu gibt es heutzutage viele Möglichkeiten in Initiativen, die noch Mitstreiter suchen; vor allem über das Internet können immer wieder neue Projekte gefunden werden, in denen man sich beteilgen kann oder wo man seine eigenen Vorstellungen inseriert. Doch spirituelle Gemeinschaften, so wie sie hier angedeutet wurden, sind auf diesem Wege nicht so leicht zu finden. Ohne Hilfen aus der geistigen Welt und ohne karmische Fügungen wird dies nicht so leicht gelingen.

Jedoch, wir Menschen fangen ja nicht bei Null an. Alle haben wir eine karmische Vorgeschichte und damit auch eine spirtuelle Vergangenheit. Und in alten Zeiten waren wir ja auch schon in Schicksalsgemeinschaften und karmischen Strömungen unterwegs und da so manchen spirituellen Vereinigungen zugetan.

Ob in der Gralsströmung, bei Templern, Rosenkreuzern oder Alchemisten, in Klöstern, Ashrams oder in kirchlichen Institutionen, überall lebte ein Spirituelles, das in unseren Seelengründen noch vorhanden ist, so lange, bis es geweckt wird und nun neue Ziele suchen will, die unserer Zeit angemessen sind.

Und so dürfen wir darauf vertrauen, wenn diese inneren Kräfte einmal geweckt worden sind, dass sie auch die Wege finden werden, um diesem Ansinnen eine äußere Gestalt verleihen zu können. Nur eines müssen wir dafür aufbringen und das ist viel Geduld. Denn die inneren geistigen Impulse benötigen zumeist sehr viel Vertrauen, Zuversicht und Ausdauer, bis sie sich wirklich gegenüber den hemmenden und misstrauenden Seelenkräften durchsetzen können.

Wann sind wir so gereift, um einer Sache oder einer Idee willen, sich über Sympathien und Antipathien hinwegsetzen zu können,, um bestimmte Absonderlichkeiten und Unerträglichkeiten gegenüber unseren Mitmenschen akzeptieren und ertragen zu lernen?

Dies wird ja erst möglich sein, wenn wir tatsächlich ihr inneres, ihr höheres Wesen erfühlen und ertasten können, denn dadurch sehen wir erst ihre eigenen Aufgaben, ihr Kämpfen und inneres Ringen, um mit ihren Einseitigkeiten und Hindernissen fertig werden zu können. Dabei können und dürfen wir ihnen helfen, schon allein durch Respekt, Toleranz und Akzeptanz.

Außenstehende sehen oftmals besser, was man bei sich selbst noch nicht sieht. Aber dabei darf es nicht um ein Kritisieren und Besserwissen gehen. Viel eher dürfen wir ihre Mängel ausgleichen helfen, in dem wir das für sie tun, das sie selbst noch nicht schaffen. „Einer trage des Anderen Last".

Somit ist eine spirituelle Gemeinschaft nicht nur da, um sich geistig zu bereichern, sondern vor allem auch, um sich gegenseitig zu stützen und zu helfen. Der christliche Geist wirkt ja gerade im Zwischenmenschlichen, im Sozialen und er ist dort zugegen, wo sich Menschen gegenseitig fördern ud ergänzen wollen.

Wie in einem großen Orchester darf jeder an seinem Platz seinen Beitrag leisten zum Gelingen des Ganzen und da wird jeder gebraucht, egal wo er momentan steht, denn es geht nicht nur um geistreiche Inspirationen, sondern auch um ganz praktische und alltägliche Aufgaben in einer Gemeinschaft, worin jedoch die „Geistreichen" oftmals nicht die besten sind. Somit darf keine Rangfolge entstehen, so wie es auch keine Standpunkte und Welt-Anschauungen geben sollte, die über den anderen erhaben sind.

Erst in einem Geist des Zusammenklangs und Miteinanders finden wir das Verbindende, das christliche Element in den neuen Gemeinschaften, die im Zeitalter des Wassermanns, biblisch ausgedrückt im Sendschreiben zu Philadelphia, überall in einem geschwisterlichen Geist erstehen werden.

Menschen, die sich heute zu solchen Gemeinschaftsbezügen hingezogen fühlen, sind die Pioniere für eine neue Zeit, die jedoch erst kommen kann, wenn genügend Samen ausgesät worden sind. Ob solche Gemeinschaften schon gelingen können, ist nicht so entscheidend wie das, ob sie von ganzem Herzen angestrebt und gewollt worden sind, denn das sind die Samen, die zukünftig einmal aufgehen werden.

Kein Versuch ist vergebens. Wir sind Lernende und gerade in Gemeinschaftszusammenhängen lernen wir enorm viel, auch für unser eigenes seelisch-geistiges Weiterkommen und das ist es, was ich allen geistig Strebenden hier zum Abschluss aus ganzem Herzen wünsche.

In diesem Sinne mögen wir zu einem geistigen Kraftfeld beitragen, das den niederziehenden und untergehenden Tendenzen unserer degenerierten Kultur neue und zukunftweisende Keime einverleiben kann.

Freiburg, im Herbst 2021

Baue auf - handle in einer anhebenden, aufrichtigen und ehrlichen Weise -
und das Gesetz des Lebens wird dir dies niemals
auf eine negative Weise zurückgeben.
Das Leben, es ist gut zu mir
und ich bin gut zu allem Leben ...

Literaturverzeichnis

- Christopher Schäfer: Wünsche – Ziele – Taten

- Lex Bos: 12 Drachen im Kampf gegen soziale Initiativen

- Richard Steel: Gemeinschaftsbildung im Lichte Michaels

- Anton Kimpfler: Vom Umgang mit der Macht des Geldes

- Walter Weber: Der Druide von Aiona

- Emil Bock: Michaelisches Zeitalter

- Dieter Brüll: Bausteine für einen sozialen Sakramentalismus

- Heinz Grill: Göttliches Leben im höheren Selbst.

Von Franz Weber erschien eine ganze Reihe weiterer Bücher, zum Beispiel über die Soziale Dreigliederung, über Partnerschaft und Gesundheit, den Gral und die christliche Hermetik. Bei näherem Interesse schauen Sie bitte auf meine Website

www.perceval-institut.de

Für das künstlerische Werk: www.steine-kunst.de

Mein besonderer Dank gilt den Schriftstellern, Dichtern und weisen Menschen, die dieser Schrift durch ihre Verse, Sprüche und Wegweisungen einen poetisch-künstlerischen und spirituell vertiefenden Einblick erweisen und gewähren lassen.
So will ich ein letztes Wort einem Menschen überlassen, der in seinem schwierigen, von Krankheiten durchzogenen und ein-samen Leben sehr viele geistige Füchte erringen konnte. Die folgenden Gedanken und Erkenntnisse stammen von Walter Weber.

Wer für sich nur das Leichte und Angenehme wünscht, hat sich noch nicht wirklich selbst erkannt.
Ich-Sein oder Ich-Werden ist jedoch oftmals mit Leid und auch mit Schuld verbunden.
Die Einsamkeit ist auf diesem Wege der Ich-Werdung die Wüste, in der das Ich zu sich selbst erwachen kann.
Leben ist eigentlich Heimatsuche.

So wünsche ich uns allen, dass wir eine Heimat finden, mit den Menschen, mit denen wir zusammen den Weg durch die „Wüste" beschreiten und mit denen wir die Einsamkeit des Ich-Seins über- winden können. Dies möge ein Weg sein, der uns nicht nur eine irdische Heimat, sondern vor allem auch eine geistige Heimat bescheren kann.

Mit einem Wahrspruch von Rudolf Steiner, der uns damit eine Lebenswegweisung schenken will, beschließe ich meine Ausfüh- rungen über spirituelle Gemeinschaftsbildungen und hoffe, dass viele suchenden Menschen davon geistige, aber auch praktische Anregungen für ihr weiteres Leben gewinnen können.

Franz Weber, Freiburg im November 2021

„Das Schöne bewundern
das Wahre behüten
das Edle verehren
das Gute beschließen.
Es führet den Menschen im Leben zu Zielen
im Handeln zum Rechten
im Fühlen zum Frieden
im Denken zum Lichte;
und lehrt ihn vertrauen
auf göttliches Walten
in allem, was ist -
im Weltenall,
im Seelengrund".